Julia Korff

JERSEY NÄHEN

EASY BASICS

Alle Modelle in Größe 36–46

GRUNDANLEITUNG

8 JERSEY – WAS IST DAS?

10 JERSEY NÄHEN MIT DER NORMALEN NÄHMASCHINE

13 OVERLOCK & CO. – SPEZIELLE NÄHMASCHINEN

15 KLEIDUNG NÄHEN – GRUNDLAGEN

35 KLEIDUNG NÄHEN – GRUNDMODELLE

37 TASCHEN

38 LEXIKON

OBERTEILE

42 LEGERES T-SHIRT

44 ELEGANTES PAILETTEN-TOP

46 KNALLIGER PONCHO

48 EDLES LONGSLEEVE

50 STILVOLLER ROLLKRAGENPULLI

52 SPORTLICHER CARDIGAN

54 FEMININES ZIPFELTOP

56 LIEBLINGS-HOODIE

59 COLLEGE-SWEATER

62 CARDIGAN MIT KNOPFLEISTE

64 LANGARM-SHIRT MIT ÜBERSCHNITTENEN ÄRMELN

66 KLASSISCHES TOP

68 KURZARM-SHIRT MIT ÜBERSCHNITTENEN ÄRMELN

WEITERE GRUNDANLEITUNGEN FINDEN SIE AUF MEINEM BLOG:

HTTP://www.lillesolundpelle.com

BEIN-KLEIDER

- 72 LUFTIGER MAXIROCK
- 74 KLEID MIT ASYMMETRISCHEM SAUM
- 77 KNIELANGES KLEID
- 80 SCHWINGENDER TELLERROCK
- 82 GERADLINIGES MAXIKLEID
- 84 SCHMALE JOGGINGHOSE
- 86 NIEDLICHE SHORTS
- 88 SÜSSES STRANDKLEID
- 90 PRAKTISCHE YOGAHOSE
- 92 LOCKERES NACHTHEMD
- 94 BEQUEMER KIMONO

ACCESSOIRES

- 98 WENDE-BEANIE
- 100 ANGENEHMER LOOP
- 102 SCHICKE ARMSTULPEN
- 104 MARITIME TASCHE
- 106 UMHÄNGETASCHE
- 108 STYLISCHER TURNBEUTEL

- 110 BUCHTIPPS FÜR SIE
- 112 IMPRESSUM

Aus der Damenmode ist Jerseystoff gar nicht
mehr wegzudenken – er ist unglaublich vielseitig,
bequem und eignet sich ideal,
um daraus eine Basis-Garde-
robe zu nähen.

JERSEY – EIN STOFF MIT VIELEN MÖGLICHKEITEN

Unkomplizierte
Schnitte, Modelle mit
dem gewissen Wow-Effekt
und detaillierte Nähanleitungen er-
warten Sie in diesem Buch: von Yogahose
über Maxikleid bis hin zu maritimer Tasche ist für
jeden Geschmack etwas dabei. Alle Schnittmuster sind in den
Größen 36 bis 46 auf zwei großen Schnittmusterbogen in diesem Buch enthalten.

Gleich zu Beginn zeigt Ihnen ein ausführlicher Grundlagenteil, wie Sie den Stoff
Jersey anpacken können. Leicht verständlich und Schritt für Schritt werden die
wichtigsten Techniken wie Bündchen nähen, Einfassen und Säumen erläutert.
Falls Sie allerdings noch detailliertere Hilfestellung benötigen, finden Sie diese auf
meinem Blog unter www.lillesolundpelle.com.

Nun wünsche ich Ihnen viel Spaß beim Nähen!
Ihre Julia Korff

GRUND-ANLEITUNG

Jersey – was ist das?

Jersey, auch als T-Shirtstoff bekannt, ist ein Stoff, der nicht gewebt, sondern in Maschen gewirkt bzw. gestrickt wird – anders als die im Allgemeinen als Baumwollstoffe bekannten Webstoffe.

Jersey und andere Maschenwaren sind weich und dehnbar und bieten damit einen hohen Tragekomfort. Sie eignen sich bestens für bequeme Lieblingsstücke für Kinder und Erwachsene. Dabei müssen sie weder nach Sport-Outfit noch nach Freizeitlook aussehen, sondern es lassen sich alltagstaugliche und schicke Kleidungsstücke daraus nähen.

In der Regel sind gestrickte Stoffe in der Breite dehnbar, Stretchjersey bis zu einem gewissen Maß auch in der Länge. Anders als bei Webstoffen spricht man bei Jersey nicht nur vom Fadenlauf, sondern auch vom Maschenlauf. Damit ist die Richtung gemeint, in der der Stoff gestrickt wurde. Der Maschenlauf verläuft parallel zur Seitenkante und ist beim korrekten Zuschnitt von großer Bedeutung, damit sich das fertige Kleidungsstück in der richtigen Richtung (senkrecht zum Maschenlauf) dehnen lässt.

Anders als gewebte Stoffe müssen Jerseystoffe und andere Maschenwaren beim Nähen nicht versäubert werden. Die Kanten ribbeln nach dem Schneiden nicht auf und können daher unversäubert zusammengenäht werden.

VERSCHIEDENE STOFFARTEN

Je nach Stricktechnik und Maschenbild auf der Vorderseite (rechte Stoffseite) und auf der Stoffrückseite (linke Stoffseite) unterscheidet man zwischen verschiedenen Stoffarten. Die gängigsten davon sind:

[1] **Single-Jersey** mit rechten Maschen auf der rechten Stoffseite und linkem Maschenbild auf der Stoffrückseite, oft als Stretchjersey mit Elasthananteil,

[2] **Interlock** mit rechten Maschen auf beiden Seiten,

[3] **Sweatshirtstoff**, ähnlich wie Single-Jersey mit rechten Maschen auf der Vorderseite und Schlingen (3a) oder angerauter Oberfläche (3b) auf der linken Stoffseite,

[4] **Viskose-Jersey** glatter, oft leicht glänzender Stoff mit weichem Fall,

[5] **Jacquard-Jersey** wird an zwei Nadelreihen gestrickt und weist bisweilen eine gemusterte Struktur auf, eine Form des Double-Jersey,

[6] **Bündchenware**, fein (6a) oder grob gerippter (6b) Strickstoff mit einem eher hohen Elasthananteil von 5 bis 10% für Abschlüsse an Hals und Saum,

[7] **Doubleface-Jersey** erhältlich in den verschiedenen Jerseyarten mit zwei verschiedenen Stoffseiten.

Single-Jersey ist als **Baumwoll-Jersey** erhältlich und besteht zu 100% aus Bauwollfasern. Wird der Baumwolle ein Elasthananteil beigemischt, spricht man von **Stretchjersey**. Elasthan sorgt nämlich dafür, dass ein Stoff nicht nur dehnbar, sondern auch elastisch ist – sich also in seine Ursprungsform zurückzieht. Wird in diesem Buch als Materialangabe allgemein von „Jersey" gesprochen, ist diese Art des Jerseys gemeint.

Häufig wird auch **Interlock** aus 100% Baumwolle hergestellt, im Handel gibt es jedoch auch Kunstfaser-Interlocks. Dieser Jerseystoff ist meist dicker und wärmt mehr als Single-Jersey. Während die Kanten bei Jersey oftmals einrollen, liegen sie bei Interlock glatt. Interlock hat einen weichen Griff und lässt sich ziemlich leicht verarbeiten.

Für Damenbekleidung kommt oft auch **Viskose-Jersey** zum Einsatz. Dieser Jersey hat einen sehr weichen, fließenden Fall und wirkt durch die häufig leicht glänzende Oberfläche eleganter als herkömmlicher Jersey. Viskose-Jersey wird aus Kunstfasern hergestellt und wärmt nicht.

Sweat – ein dickerer Stoff, der sich besonders gut für Jacken, Kapuzenpullover oder Sportbekleidung eignet. Er ist auch als leichter Sommersweat erhältlich, der sich ähnlich wie Jersey einsetzen lässt. Bei Schnittmustern, die für Jerseystoffe ausgelegt sind, muss bei Sweat darauf geachtet werden, wie fest und dehnbar er ist. Nicht jeder Sweat eignet sich für eng anliegende Jersey-Bekleidung. Sweatshirtstoff hat wärmende Eigenschaften.

Jacquard-Jersey ist eine Maschenware mit oftmals deutlich sichtbaren Maschen und einer fühlbaren Struktur. Er lässt sich sehr schön für Cardigans, Strickjacken, Pullover oder Ponchos einsetzen und hat wärmende Eigenschaften.

Weitere dehnbare Stoffe, die sich auch für viele in diesem Buch enthaltene Schnittmuster eignen, sind **Nicky**, **Frottee** oder **Fleece**. Bei all diesen Stoffen muss unbedingt auf ihre Dehnbarkeit geachtet werden. Die Stoffe haben zwar meist einen Polyesteranteil, sind aber wärmend.

Doubleface-Jersey bekommt man in verschiedenen Qualitäten wie etwa Viskose-Jersey, Strickjersey oder Interlock. Das besondere am Doubleface-Jersey sind seine zwei verschiedenen Stoffseiten, die beispielsweise in zwei unterschiedlichen Farben gefertigt wurden. So lassen sich schöne Akzente setzen, wenn beispielsweise ein Ärmel hochgekrempelt wird und eine andere Farbe sichtbar wird.

Neben der Materialzusammensetzung unterscheiden sich die Stoffe vor allem im **Gewicht**. Das Gewicht gibt Aufschluss über die Dicke des Stoffes, die wiederum dessen Einsatzgebiet bestimmt. So eignen sich schwerere Stoffe wie angerauter Sweat gut für Pullis, Hosen und Jacken, Stretchjersey hingegen ist für T-Shirts oder andere eng anliegende Oberteile oder Kleider optimal. Soll es etwas schicker sein, bietet sich Viskose-Jersey an, gemütlich und trotzdem nicht nur sportlich ist ein Cardigan aus Jacquard-Jersey.

Beim Kauf der Stoffe sollte man auf die **Pflegehinweise** achten. Die meisten Jerseys lassen sich problemlos waschen und viele auch im Trockner trocknen. Da sie meist einlaufen, sollten sie vor dem Nähen immer vorgewaschen werden.

Grundanleitung ★ 9

Jersey nähen mit der normalen Nähmaschine

Jersey zu verarbeiten gelingt auch dem ungeübten Näher mit einer einfachen Haushaltsmaschine, wenn einige wichtige Dinge berücksichtigt werden.

DIE RICHTIGE NADEL

Zunächst sollte man für ein sauberes Stichbild unbedingt eine Jerseynadel mit 75-90er Stärke verwenden. Sie hat eine abgerundete Kugelspitze und sticht so zwischen den einzelnen Maschen ein, dass sie nicht verletzt werden. Je nach Hersteller sind Nadeln mit runder Spitze im Handel auch unter der Bezeichnung Stretchnadel erhältlich.

Eine feine Jerseynadel mit maximal 80er Stärke vermindert zudem das „Fressen" von Stoff, bei dem der Jersey vor allem zu Nahtbeginn in das Loch der Stichplatte gedrückt und nach unten gezogen wird.

DER RICHTIGE STICH

Die Stichauswahl der Nähmaschine hängt stark vom Modell ab. Grundsätzlich gilt, dass die Stichauswahl mit steigendem Preis der Maschine größer wird. Doch über die Grundstiche Geradstich und Zickzackstich verfügt jede zeitgemäße Nähmaschine und diese beiden Stiche reichen prinzipiell auch aus.

Wichtig beim Nähen von Jerseystoffen ist die Elastizität der Naht – besonders da, wo der Stoff beim Anziehen oder Tragen stark gedehnt wird, zum Beispiel am Halsausschnitt oder an den Säumen.

Je nach Verfügbarkeit eignen sich folgende Stiche für verschiedene Einsatzgebiete:

Der **Geradstich** (1) ist beim Nähen von Jersey nicht so wichtig wie beim Verarbeiten von Webware. Denn Geradstichnähte sind nur wenig dehnbar. Trotzdem kann im Maschenlauf auch mit Geradstich genäht werden, beispielsweise beim Nähen von Bündchen zum Ring. Außerdem eignet sich der Geradstich für Steppnähte, die entweder wenig unter Spannung stehen (bei Applikationen, aufgesetzten Taschen) oder auf bereits gedehntem Stoff gearbeitet werden (bei Einfassungen). Auch die im Buch gezeigten Taschen-Modelle können mit Geradstich genäht werden, da sie nicht elastisch sein müssen.

Über einen **Zickzackstich** (2) verfügt nahezu jede Nähmaschine. Beim Zusammennähen sollte eine kurze Stichlänge gewählt werden, weil sich sonst aufgrund des Zickzackverlaufes des Stichs Lücken in der Naht bilden – umso mehr, je weiter die Einstichpunkte der Zickzacknaht auseinanderliegen.

10 ✱ Grundanleitung

Gewünscht ist ein eher schmaler Zickzackstich mit Zacken, deren Spitzen 2 bis 3 mm Abstand zueinander haben. Grundsätzlich gilt dabei: Je flacher der Zickzackverlauf, desto weniger dehnbar ist die Naht. Im mäßig spitzen Winkel ermöglicht der Zickzackstich dehnbare Säume oder Steppnähte, und besonders eng eingestellt werden mit ihm Rollsäume gearbeitet. Auch zum Applizieren ist dieser Stich sehr wichtig.

Vor allem zum Säumen und Absteppen von dehnbaren Stoffen eignet sich der **dreigeteilte Zickzackstich** (3). Diese Nähte bleiben besonders dehnbar, der Stich ist daher besonders für stärker belastete Nähte wie z.B. Halsausschnitte ideal, die beim An- und Ausziehen gedehnt werden. Kurz eingestellt, können Nähteile damit auch zusammengenäht werden.

Der **Elastikstich** (4) verläuft in eher längsgerichteten Zacken – immer vor und zurück nebeneinander. Die Nähte sind schmal und elastisch und damit sowohl zum Zusammennähen als auch für Steppnähte gut geeignet.

Der **dreifache Geradstich** (5) hat eine geringe Elastizität und eine hohe Reißfestigkeit, eignet sich also besonders für Nähte, die große Belastungen aushalten müssen. Die Naht ist sehr dicht und bildet auch bei Zug keine Lücken. Mit dem dreifachen Geradstich lässt sich zudem sehr gut und haltbar Jersey applizieren.

Da durch Elastikstich und dreifachen Geradstich schmale Nähte entstehen, lassen sich die Nahtzugaben bei ihnen stark zurückschneiden. So werden bei Bündchen, Mützen und gedoppelt Genähtem besonders flache Nähte möglich, die weder drücken noch auftragen.

Pseudo-Overlockstiche (6 + 7) gibt es in verschiedenen Ausführungen. Sie nähen in einem Arbeitsgang zusammen und versäubern auch zugleich, dabei bleiben die Nähte elastisch. Das ähnelt der Arbeitsweise einer Overlockmaschine (siehe Seite 13).

Ein professionelles Aussehen bekommt Kleidung, wenn man beim Absteppen und Säumen zur **Zwillingsnadel** (8) greift. Die Nadeln nähen mit 2 Oberfäden im Geradstich, während der Unterfaden auf der Rückseite im Zickzackstich verläuft. So entstehen zwei akkurat parallel verlaufende, dehnbare Nähte. Dabei sind oft Adaptionen der Fadenspannung nötig, da der Unterfaden wirklich im Zickzack verlaufen muss. Das lässt sich meist durch eine Erhöhung der Oberfadenspannung erreichen.

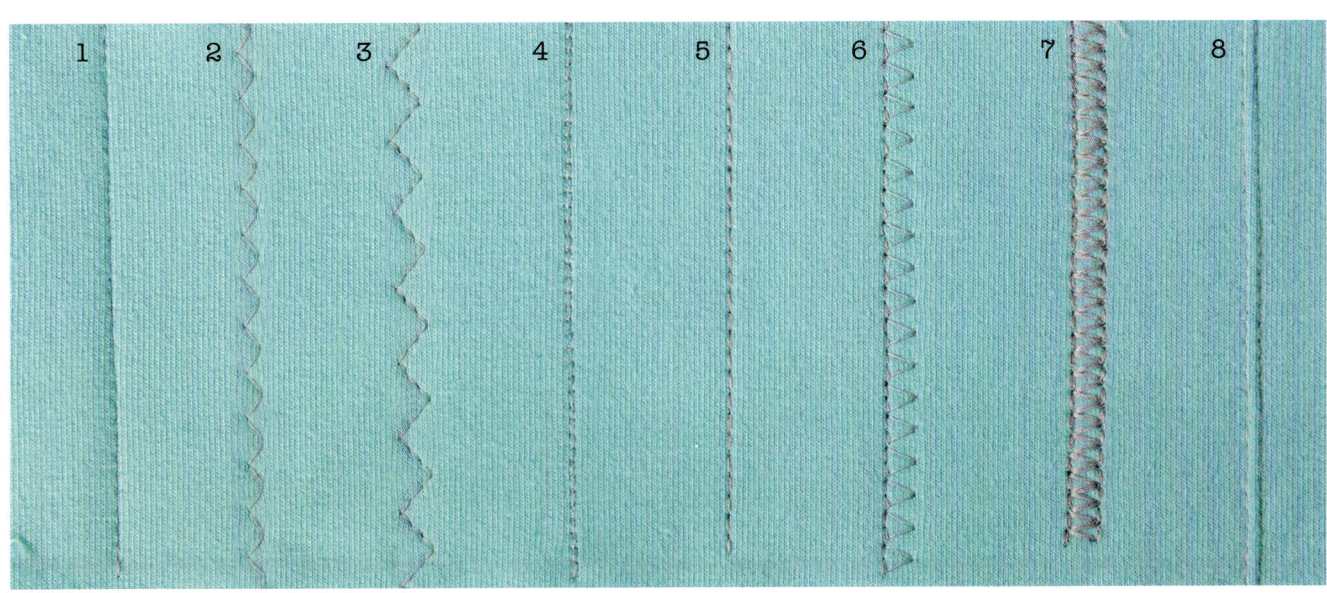

Grundanleitung ★ 11

HÄUFIGE PROBLEME VERMEIDEN

Beim Nähen von Jersey treten gelegentlich einige Schwierigkeiten auf, die sich jedoch mit ein paar kleinen Tricks leicht umgehen lassen.

Das häufigste Problem beim Verarbeiten von dehnbarer Maschenware ist, dass sich die **Nähte unschön wellen**. Vor allem beim Absteppen ist das häufig zu beobachten. Ursache dafür ist, dass der Stoff beim Nähen gedehnt wird. Deshalb ist es sehr wichtig, den Stoff nur vorsichtig unter der Maschine zu führen und auf keinen Fall zu ziehen. Besitzt die Maschine einen verstellbaren Nähfußdruck, sollte man ihn am besten stark reduzieren. So wird von oben weniger Druck auf den Stoff ausgeübt.

Auch ein zuverlässiger Transport ist essenziell. Ein **Obertransportfüßchen**, das es für die meisten handelsüblichen Maschinen als Zubehör gibt, kann dabei von großem Nutzen sein.

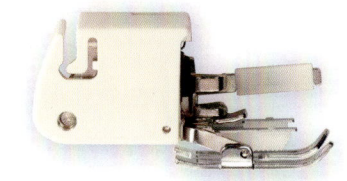

Alternativ hilft es, ein Stück **ausreißbares Stickvlies** zuunterst mitlaufen zu lassen. Der Transporteur der Maschine kann so besser greifen, der Stoff wird stabilisiert und vor dem Ausdehnen bewahrt. Das Vlies wird anschließend wieder entfernt. Ist kein Stickvlies zur Hand, hilft auch ein Stück Küchenrolle. Diese Hilfsmittel kommen auch bei Applikationen auf Jersey zum Einsatz.

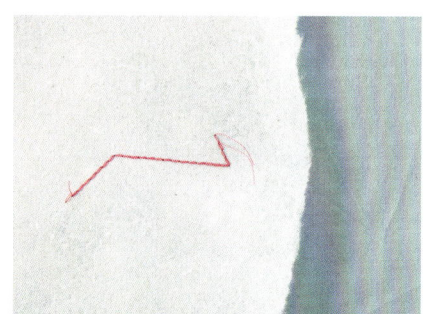

Am Nahtanfang kann es vorkommen, dass die Nadel (vor allem, wenn sie zu dick oder zu stumpf ist) den Stoff in das Loch der Stichplatte hineindrückt. Hier spricht man auch von „**Stofffressen**". Um dieses Phänomen zu vermeiden, hält man Ober- und Unterfaden am Nahtbeginn fest und zieht sie ganz sanft nach hinten weg, sobald man zu nähen beginnt. So kann der Stoff nicht eingezogen werden, da ihn die Fäden oben halten und der Transport über die Öffnung unterstützt wird.

Overlock & Co. – Spezielle Nähmaschinen

Besonders professionell werden die Nähergebnisse, wenn mit einer Overlockmaschine oder einer Coverlock gearbeitet wird. Beide Maschinen sind zwar nicht wirklich notwendig, doch die Anschaffung einer Overlockmaschine kann sich für begeisterte Hobbynäherinnen schon sehr schnell lohnen. Sie bedeutet eine enorme Arbeitserleichterung.

OVERLOCK-MASCHINEN

Mit der Overlockmaschine werden Kanten meist mit 4 Fäden – 2 Nadelfäden und 2 Greiferfäden – gleichzeitig zusammengenäht und versäubert. Das Messer der Overlock kann die Kante dabei nach Bedarf während des Nähens zusätzlich auf die richtige Breite zurückschneiden.

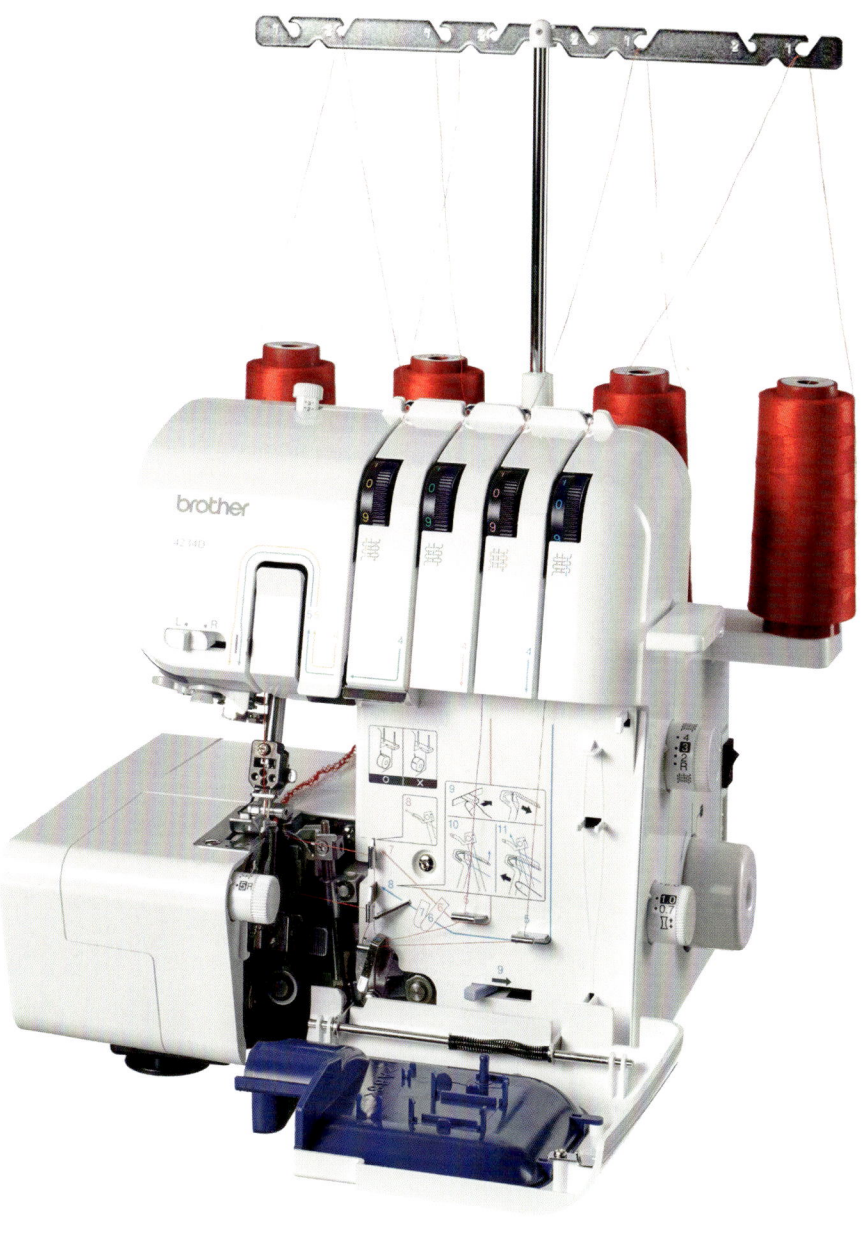

Overlocknähte sind nicht nur ausgesprochen dehn- und belastbar, eine Overlock näht auch wesentlich schneller als eine Haushaltsnähmaschine. Außerdem sind viele Overlockmaschinen mit einem Differenzialtransport ausgestattet, der feine und dehnbare Stoffe besonders gleichmäßig transportiert.

Grundanleitung * 13

Neben der 4-fädigen Overlocknaht sind auch 3-fädige mit nur 1 Nadelfaden üblich. Diese Nähte werden schmaler und eignen sich gut für Mützen, Unterwäsche und Bademode, also überall dort, wo Nähte möglichst wenig auftragen sollen und nicht besonders großer Belastung ausgesetzt sind.

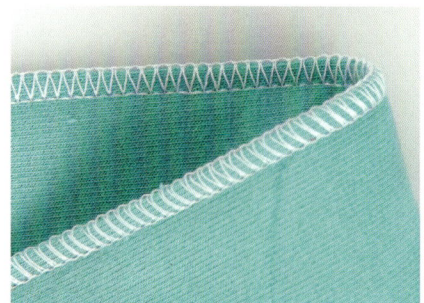

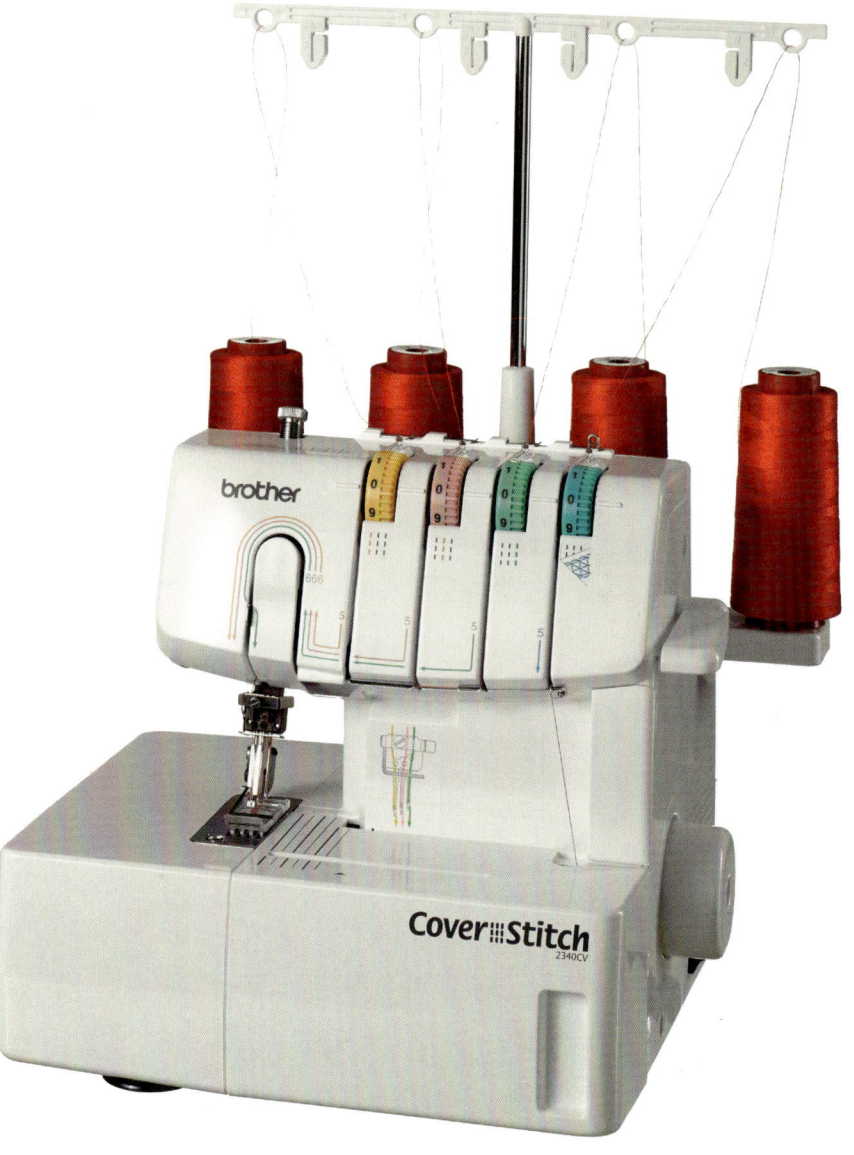

COVERMASCHINEN

Noch spezieller ist eine Covermaschine, die nur bei Säumen und Ziernähten zum Einsatz kommt. Auf der Oberseite nähen 1 bis 3 Nadeln im Geradstich, während der Greiferfaden sich breit dazwischen aufspannt. Das Ergebnis ähnelt dem einer Zwillingsnadel, ist jedoch meist dehn- und haltbarer. Die Rückseite der Covernaht wird häufig auch als Ziernaht verwendet.

In der Industrie benutzt man zusätzlich spezielle Flatlockmaschinen, deren Nähte oben wie unten der Rückseite einer Covernaht ähneln. Solche Maschinen sind für den Hausgebrauch jedoch nicht üblich. Sie nähen Einzelteile aus dehnbaren Stoffen Stoß auf Stoß aneinander. Diese Nähte sind besonders flach und werden gerne für Sportbekleidung verwendet.

Einige wenige Kombimaschinen aus Cover- und Overlock haben einen Top-Bottom-Stich, der optisch dem Flatlockstich spezifischer Maschinen ähnelt. Viele Overlockmaschinen haben eine Flatlockfunktion, bei der die Kanten zunächst auf die übliche Weise aufeinandergenäht und anschließend auseinandergezogen werden, sodass sie im Endergebnis aneinanderstoßen. Diese Technik spielt im Alltag zwar keine wichtige Rolle, kann jedoch beispielsweise als modische Ziernaht am Saum eingesetzt werden.

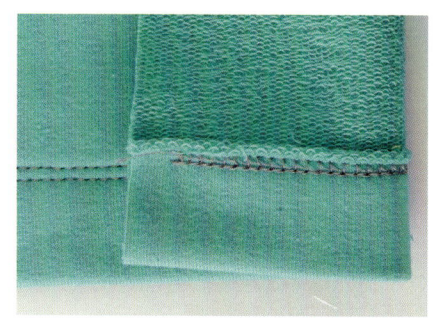

Kleidung nähen – Grundlagen

SCHNITTMUSTER

Die Schnittmuster der Anleitungen in diesem Buch befinden sich auf den beiliegenden Schnittmusterbögen. Bevor man sie benutzen kann, müssen sie mithilfe von Schnittmusterpapier oder Folie übertragen werden. Dafür gibt es spezielles Papier im Fachhandel, oder – als günstige Alternative – Baufolie aus dem Baumarkt. Das Papier oder die Folie wird auf den Schnittmusterbogen gelegt, das Schnittmuster in der gewünschten Größe mit einem (Folien-)Stift abgepaust und anschließend ausgeschnitten.

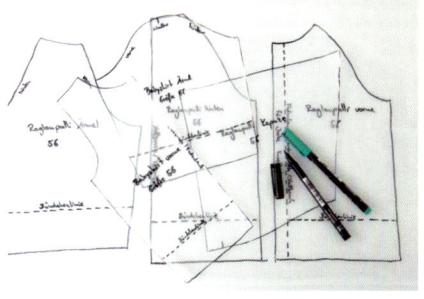

Nahtzugaben

Alle Schnittmuster sind, falls nicht ausdrücklich anders angegeben, ohne Nahtzugabe, d.h. die Naht verläuft jeweils entlang der Außenlinie der Schnittmuster. Um Schnittteile allerdings überhaupt zusammennähen zu können, braucht man eine sogenannte Nahtzugabe, also etwas zusätzlichen Stoff außerhalb der Nahtlinie. Die Breite der Nahtzugabe hat auf die Passform keinen Einfluss, da es sich um Stoff abseits der Naht handelt.

Für die meisten Zwecke hat sich eine Nahtzugabe von 0,5 bis 1,5 cm bewährt, prinzipiell bleibt die Breite aber dem individuellen Geschmack überlassen. Meist geht man von einer Nahtzugabe von 1 cm aus.

Beim Nähen mit der Overlock sollte die Nahtzugabe entsprechend der Stichbreite gewählt oder überschüssige Breite beim Nähen abgeschnitten werden.

Der **Saum** am Ärmel, an Shirts oder Kleidern wird in der Regel mit 2 bis 4 cm etwas breiter zugeschnitten, um ein Umklappen der Säume beim Tragen zu verhindern. Dabei werden runde Säume mit weniger Saumzugabe versehen, während gerade Säume mit mehr Saumzugabe gesäumt werden können. Denn sie lassen sich leichter umlegen und – anders als runde Säume – schlagen keine Wellen.

Werden **Schnittkanten** eingefasst, wie z.B. der Halsausschnitt beim Pailetten-Top oder die Armausschnitte beim Strandkleid, muss man keine Nahtzugabe hinzugeben. Hier wird ja keine Naht mehr angesetzt, sondern die Schnittkante ist zugleich die endgültige Kante des Kleidungsstücks. Auch bei offenkantig verarbeiteten Kleidungsstücken wie z.B. beim Cardigan wird auf eine Saumzugabe verzichtet. Hier wird gar nicht gesäumt, sondern die Schnittkanten bleiben im offenen Used-Look.

Alle **bemaßten Teile**, also alle Teile ohne Schnittteil, wie z.B. die schmalen Bündchen für Hals- und Armausschnitte, werden in Fertigmaßen angegeben, bei denen die Nahtzugabe bereits mit eingerechnet ist.

Schnittteile

Bei allen Anleitungen in diesem Buch ist angegeben, welche Schnittteile für ein Modell benötigt werden. Diese wählt man auf dem Bogen aus, paust sie ab und schneidet sie mit der Papierschere aus. Dabei darf man nicht vergessen, auch alle Markierungen mit zu übertragen und die Papierteile zu beschriften.

Viele Modelle im Buch haben **verschiedene Schnittkanten für unterschiedliche Längen**. Auf diese Weise lassen sich kurze oder lange Ärmel oder ein Kleid statt eines Shirts nähen. Dafür die jeweilige Schnittkante beachten und die entsprechende Saumzugabe an der Schnittkante hinzugeben. Einige Modelle können außerdem nach Belieben mit Bündchen bzw. Saumbund genäht werden. Hier ist die Schnittkante Bündchen/Saumbund maßgeblich. Auch hier muss eine Nahtzugabe hinzugegeben werden.

ZUSCHNITT

Das ausgeschnittene Schnittmuster auf die linke Stoffseite auflegen und aufzeichnen.

Die Nahtzugabe kann direkt beim Abpausen um das Schnittmuster herum auf dem Papier oder der Folie angezeichnet oder erst beim Zuschneiden des Stoffes hinzugefügt werden.

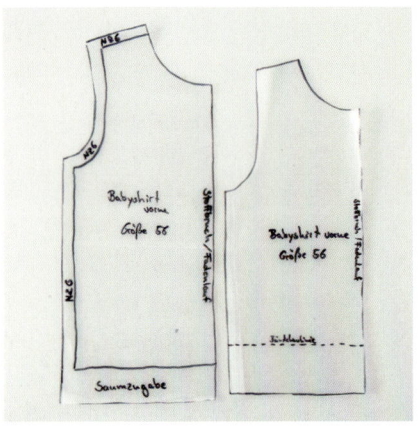

Beim Zuschneiden von Jersey und anderer Maschenware ist es sehr wichtig, den **Maschenlauf/Fadenlauf** zu beachten. Dieser ist im Schnittmuster in Richtung des Schriftverlaufs und muss beim Auflegen auf den Stoff stets parallel zur Seitenkante verlaufen, also entlang der feinen Längsrippen auf der rechten Stoffseite. Quer zum Maschenlauf sind Jersey und andere Maschenware nämlich am dehnbarsten.

Symmetrische Teile, z. B. Vorder- und Rückenteil, werden **im Stoffbruch** zugeschnitten. Dazu den Stoff entlang des Maschenlaufes rechts auf rechts falten (dabei eventuelle Musterverläufe beachten) und das Schnittmuster mit der als „Stoffbruch" bezeichneten Linie entlang der Faltlinie anlegen. Ärmel, Hosenbeine und Kapuzen werden gewöhnlich **in doppelter Stofflage** zugeschnitten.

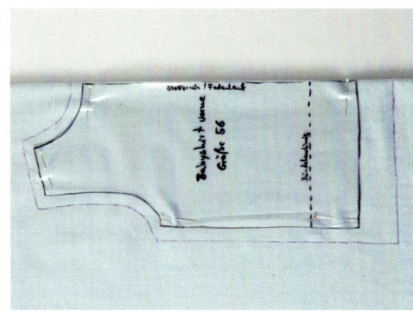

Dafür zunächst den Stoff rechts auf rechts aufeinanderlegen und im Anschluss das Schnittmuster auf dem Stoff platzieren. Danach beide Lagen zusammen zuschneiden. So erhält man zwei gegengleiche Teile, also eine rechte und eine linke Seite.

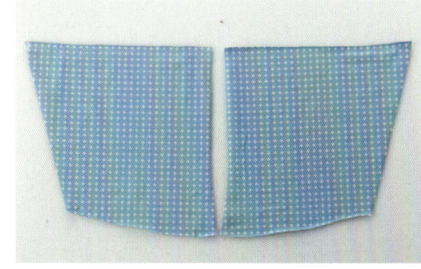

Jerseystoffe rollen sich häufig an den Schnittkanten ein. Befestigt man die Schnittmuster sorgfältig mit Stecknadeln auf dem Stoff, erleichtert das das Zuschneiden. Bügeln und Sprühstärke verringern dieses Phänomen ebenfalls etwas.

NÜTZLICHE HELFER

Maschenware lässt sich besonders bequem mit **Schneidematte** und **Rollschneider** zuschneiden, da der Stoff dabei nicht angehoben und bewegt werden muss und sich infolgedessen weniger leicht verzieht: Die Schnittmuster dann auf dem Stoff mit Gewichten beschweren und mit dem Rollschneider umfahren. Ein Abstandhalter hilft dabei, eine gleichmäßige Nahtzugabe bequem einzuhalten. Er ist als Zubehör im Handel erhältlich.

Zum Zuschneiden von Bündchen- und Einfassstreifen erweist sich ein **Quiltlineal** als wertvolles Hilfsmittel. Streifen von bestimmter Breite können so einfach und durch vorheriges Falten des Stoffes auch auf voller Stoffbreite zugeschnitten werden.

BÜNDCHEN NÄHEN

Für breite Ärmelbündchen und Saum-/Taillenbunde finden sich Schnittteile auf dem Schnittbogen. Sie werden unter Zugabe von Nahtzugabe und unter Beachtung des Maschenlaufs zugeschnitten. Vor allem Letzteres ist für die Dehnbarkeit besonders wichtig.

Wird statt zu säumen mit Ärmelbündchen bzw. Saum- oder Taillenbund genäht, werden die entsprechenden Schnittteile von Ärmeln, Bein und Bund entsprechend der Bündchenlinien (eingerückt im passenden Größenmuster) kürzer zugeschnitten.

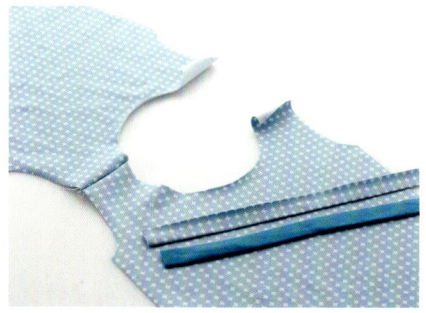

Schmale Bündchen für Hals- und Armausschnitte sind als Maßangabe angegeben: Sie haben eine Breite von 4 cm, was – im Umbruch angenäht mit einer Nahtzugabe von 1 cm – einem Fertigmaß von 1 cm entspricht. Die Nahtzugabe von 1 cm ist hier bereits einberechnet und muss nicht mehr hinzugegeben werden. Die Länge richtet sich jeweils nach dem verwendeten Material und der Länge des Ausschnittes. Die Bündchen werden üblicherweise aus Bündchenware oder passendem Jersey genäht. Da Bündchenware meist elastischer ist als Jersey, werden Bündchen aus Bündchenware stärker gedehnt angenäht und sind daher etwas kürzer. Als Faustformel kann man sagen, dass Bündchen aus Bündchenware eine Länge von 70% der Ausschnittlänge haben sollten, Bündchen aus Jersey dagegen eine Länge von 80% der Ausschnittlänge.

Vereinfacht gesagt: Ausschnittlänge x 0,7 oder Ausschnittlänge x 0,8 = Bündchenlänge.

Achtung bei Sweat: Manche Sweatstoffe sind nahezu unelastisch. Sollen daraus Bündchen genäht werden, muss man sie vorher unbedingt dehnen, um ihre Elastizität zu testen. Je nachdem müssen die Bündchen dann eventuell länger zugeschnitten werden. Außerdem kann es auch vorkommen, dass ein Halsausschnitt nicht weit genug ist, um mit einem unelastischen Sweat-Bündchen genäht zu werden.

Alle Bündchen werden zunächst zum Ring genäht. Dafür die kurzen Seiten rechts auf rechts aufeinanderlegen und mit (dreifachem) Geradstich, Elastikstich, einem Pseudo-Overlockstich oder der Overlockmaschine sorgfältig zusammennähen.

Wird ein schmaler Stich eingesetzt, kann die Nahtzugabe anschließend auf ca. 3 mm zurückgeschnitten und auseinandergefaltet bzw. -gebügelt werden.

Nun die Bündchen links auf links falten bzw. umstülpen. Sie sind jetzt nur noch halb so hoch wie vorher, die rechte Stoffseite liegt außen.

Um die Bündchen gleichmäßig gedehnt einzunähen, sie mit Stecknadeln in zwei Hälften einteilen, Halsbündchen vierteln. Die Ausschnitte analog dazu einteilen. Anschließend die Bündchen mit den Markierungsnadeln aufeinandertreffend in die Ausschnitte stecken und mit einem dehnbaren Stich annähen.

Damit eine gleichmäßige Dehnung gelingt, jeweils nur die Strecke zwischen zwei Nadeln dehnen und nähen. Dann erst die nächste Stecknadel entfernen, den nächsten Abschnitt dehnen und zusammennähen. Dabei unbedingt immer ausschließlich das Bündchen dehnen, und nicht den Stoff des Kleidungsstückes.

Grundanleitung ★ 17

Am besten näht man innen auf dem Bündchen, die Nadelstange fungiert dabei als Freiarm. So gelingt auch das Annähen kleiner Bündchen problemlos.

Anschließend die Nahtzugaben in das Kleidungsstück legen und mit einem dehnbaren Stich absteppen, beispielsweise mit einem Zickzack-, Elastik- oder dreifachen Geradstich. Auch dehnbare Zierstiche, wie z.B. der Wabenstich, eignen sich hierfür prima. Da sich diese Nähte allerdings besonders gerne wellen, sollte man – ist die Problematik bekannt – darauf verzichten oder durch reduzierten Nähfußdruck oder Obertransportfuß entgegenwirken.

ANGESETZTER GUMMIBUND

Bei den Shorts oder der Jogginghose wird der Bund mit einer Kordel zusammengezogen. Für mehr Formstabilität kann aber zusätzlich ein 3 cm breites Gummiband eingezogen werden.

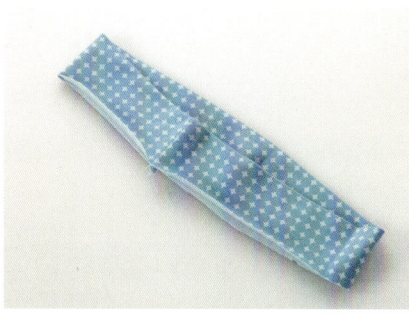

Dafür zunächst den Taillenbund nähen (siehe „Bündchen nähen" Seite 17).

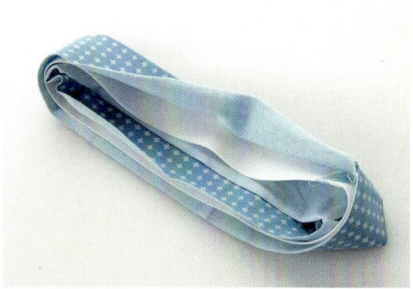

Dann das Gummiband in Länge des Hosenbundes zum Ring nähen und zwischen die linken Stoffseiten in den gefalteten Bund legen. Die Kordel ebenfalls einziehen und durch die Ösen fädeln. Gummi- und Hosenbund jeweils mit Stecknadeln in vier Abschnitte einteilen und den Ring gleichmäßig gedehnt annähen.

Abschließend die Nahtzugabe wie beim Bündchen in die Hose legen und von rechts absteppen.

Soll auf die Kordel ganz verzichtet werden, kann das Gummiband je nach Elastizität mit einer Länge von 80% des Saumbundes eingenäht werden.

SÄUMEN

Da Kleidungsstücke aus Jersey dehnbar sind, müssen auch ihre Säume dieser Dehnung standhalten. Jersey ribbelt nicht auf und muss deshalb prinzipiell nicht gesäumt werden. Modische Akzente lassen sich zum Beispiel auch mit einer Overlocknaht als Abschluss setzen. Trotzdem wird Jerseykleidung normalerweise mit einem einfachen Umschlag gesäumt oder mit einem Rollsaum oder dessen Variation, dem Wellensaum, versehen. Wer eine Covermaschine besitzt, benutzt diese.

Klassischer Saum

Ein 2 bis 4 cm breiter, einfacher Umschlag nach innen ist der klassische Saum bei Jerseystoffen. Er wird beim Ausschneiden als Saumzugabe zum Schnittmuster hinzugefügt. Erfahrungsgemäß sollten bei runden Säumen eher 2 cm Saumzugabe hinzugegeben werden, um das Wellen der Saumzugabe zu reduzieren. Bei geraden Säumen können 3 oder 4 cm Saumzugabe genommen werden.

Nach dem Zusammennähen des Kleidungsstückes als Abschluss die Saumzugabe nach innen umschlagen, sorgfältig bügeln und feststeppen.

Mit einer **Overlockmaschine** kann die Unterkante vor dem Umschlagen versäubert werden. Das verleiht der Kante mehr Stabilität, verhindert ein Einrollen und erleichtert das Säumen. Gerundete Kanten an Kleidern und Röcken können durch ein leicht gesteigertes Differenzial beim Versäubern mit der Overlockmaschine leicht eingehalten (also leicht gerafft) werden und lassen sich anschließend leichter umschlagen.

Zwar ist Bügeln bei den meisten Näherinnen unbeliebt, beim Säumen jedoch unerlässlich.

Säume sollten stets mit einem **elastischen Stich** genäht werden. Bei einer normalen Nähmaschine sind dafür Zickzackstiche ideal, insbesondere der dreigeteilte Zickzackstich oder aber die Zwillingsnadel. Einen schönen Effekt erzielen auch breite Zierstiche, wie zum Beispiel der Wabenstich.

Näht man **von der rechten Stoffseite aus**, wird die Naht sauberer. Für einen gleichmäßigen Abstand zur Kante orientiert man sich an den Führungslinien der Nadelplatte. Alternativ kann man ein farbiges Klebeband aufkleben, um den Saum mit einer eigenen Markierung zu führen. Farblich zum Stoff passendes Garn verzeiht kleine Ungenauigkeiten, Kontrastgarn erzielt tolle Effekte.

Natürlich kann man auch **von links** entlang der Oberkante des Umschlags nähen. Dazu sollte man allerdings unbedingt einen oben und unten identischen Stich (Zickzackstich) einsetzen.

Grundanleitung ★ 19

EINFASSEN

Um die Kanten eines aus Jersey gefertigten Kleidungsstückes abzuschließen, gibt es neben dem einfachen Säumen noch die Möglichkeit, die Kante mit einem Streifen aus Bündchenware oder Stretchjersey zu versehen. Das sogenannte Einfassen gelingt ebenfalls mit Falzgummi. Schrägband aus Webware ist hingegen weniger geeignet, da es nicht dehnbar ist. Alternativ kann Schrägband aus Jersey verwendet werden.

In diesem Buch kommen oft Kantenabschlüsse aus Jersey- bzw. Bündchenstreifen zum Einsatz. Sie werden quer zum Maschenlauf zugeschnitten und haben eine nach fertiger Breite und verwendeter Nahtzugabe definierte Höhe, die meistens ca. 4 cm beträgt.

Die Streifen können entweder links auf links gefaltet und angenäht (**Faltmethode**) oder auf unterschiedliche Weise (**Einfassungsmethode** unten offen oder geschlossen) um die Kante herumgelegt und anschließend abgesteppt werden. Dabei ist die Faltmethode technisch einfacher, während die um die Kanten gelegte Einfassungsmethode etwas eleganter wirkt. Bei beiden Verfahren müssen ein paar Grundsätze beachtet werden, und es braucht ein wenig Übung, um schöne und professionelle Ergebnisse zu erzielen.

Das richtige Material

Als Material für Kantenabschlüsse sollte man stets Stoff mit einem Elasthananteil von mindestens 5 % wählen, also **Stretchjerseys oder handelsübliche Bündchenstoffe**. Die damit garantierte Elastizität sorgt dafür, dass die Kanten des Kleidungsstückes auch in Rundungen gut anliegen, sofern man die Streifen beim Nähen unterschiedlich stark dehnt.

Bei Bündchenstoffen unterscheidet man zwischen Rippbündchen und Feinstrickbündchen. Beide sind in unterschiedlichen Qualitäten erhältlich: von ganz weich und dehnbar bis relativ steif und stabil.

Für die Faltmethode eignen sich fast alle Bündchenstoffe, für Einfassungen hingegen sind eher dünne Feinstrickbündchen oder Stretchjerseys optimal.

Die richtige Naht

Zum Annähen und Absteppen der Streifen kann man einen normalen, nicht zu kurz eingestellten **Geradstich** (Länge 2,5-3) verwenden. Das klingt zunächst ungewöhnlich, erklärt sich aber aus der Tatsache, dass die Nähte überall da, wo sie später elastisch sein müssen, auf bereits gedehntem Material gearbeitet werden. Die Naht zieht sich anschließend mitsamt dem gedehnten Streifen zusammen und enthält sozusagen schon eine Dehnungsreserve in sich.

Außerdem kommen zum Annähen Overlock- oder Pseudo-Overlockstiche infrage, sowie der schmale Zickzackstich, Elastikstich oder dreifacher Geradstich. Fürs Absteppen gut geeignet sind geteilte und ungeteilte Zickzackstiche, die Zwillingsnaht, elastische Zierstiche und natürlich die Covermaschine, sofern vorhanden. Das Absteppen mit Zickzackstichen hat dabei nicht nur den Vorteil, die volle Dehnbarkeit der Nähte zu erhalten, sondern steigert auch noch die Trefferquote und liefert gerade Anfängern meist ein saubereres Nähergebnis.

Beim Absteppen ist eine Anpassung des Nähfußdrucks ratsam. Ein niedriger Nähfußdruck reduziert effektiv das unerwünschte Wellen bei Steppnähten oder weichen Rippbündchen. Verfügt die Maschine nicht über einen regulierbaren Nähfußdruck, kann das Unterlegen von (Stick-)Vlies (alternativ von haushaltsüblicher Küchenrolle) oder der Einsatz eines Obertransportfußes eine Alternative sein.

Die richtige Dehnung

Sowohl beim Einfassen als auch bei der Faltmethode ist die richtige Dehnung des Streifens beim Annähen von großer Bedeutung. Sie sorgt für einen guten Sitz und eine schöne Optik. Bevor man sich für viel, wenig oder keine Dehnung entscheidet, muss man sich vorher überlegen, wie sich die fertige Kante verhalten soll.

Gerade Kanten werden meist mit ungedehnten Abschlüssen versehen, damit sie am fertigen Kleidungsstück flach und gerade liegen. Eine Ausnahme bilden hier die **Ärmelsäume**. Durch Dehnen liegen hier die Kanten genau wie Bündchen näher am Arm. Das sorgt für eine bessere Passform der Ärmel.

Runde Kanten erfordern je nach Form mehr oder weniger Dehnung. Hier soll das Kleidungsstück anliegen, ohne dass die Kanten ungewollt einklappen oder abstehen. Dafür wird der Streifen bei **Innenrundungen** (z.B. beim Halsausschnitt) gedehnt angenäht. Bei **Außenrundungen** wird der Streifen ungedehnt fixiert.

Der Zuschnitt

Die Streifen sollen der Länge nach dehnbar sein und werden daher quer zum Maschenlauf zugeschnitten. Ihre Höhe ergibt sich aus der gewählten Technik, aus der Breite des fertigen Kantenabschlusses und aus der verwendeten Nahtzugabe, wobei sich die beiden letzten Werte bei Einfassungen annähernd entsprechen.

Die fertige Breite und die Nahtzugabe sollen in den folgenden Rechenbeispielen jeweils 1 cm breit sein:

Für die **Faltmethode** ergibt das eine Streifenhöhe von 4 cm nach der Formel 2x fertige Breite + 2x Nahtzugabe.

Für **unten offene Einfassungen** errechnet sich eine Höhe von 3,5 bis 4 cm nach der Formel 3x Nahtzugabe/fertige Breite + 0,5 bis 1 cm Sicherheitszugabe (zum Abschneiden).

Unten geschlossene Einfassungen benötigen Streifen mit einer Höhe von 4 cm, ermittelt nach der Formel 4x Nahtzugabe/fertige Breite.

Beim Zuschneiden des Kleidungsstückes erhalten alle Kanten keine Nahtzugabe, die anschließend eingefasst (Einfassungsmethode) werden, da hier keine Naht angesetzt, sondern die Schnittkante eingefasst wird. Die Außenkante des fertigen Kleidungsstückes ist also deckungsgleich mit der Schnittkante.

Wird die Faltmethode angewendet, also ein Bündchen angenäht und nicht die Schnittkante eingefasst, gibt man beim Zuschnitt eine Nahtzugabe hinzu.

Faltmethode

Zunächst ein oder mehrere Streifen in einer Gesamtlänge entsprechend der Länge der einzufassenden Kante und einer nach der Formel 2x fertige Breite + 2x Nahtzugabe ermittelten Höhe zuschneiden: Bei einer fertigen Breite von 1 cm und einer Nahtzugabe von 1 cm macht das eine Höhe von 4 cm.

Den Streifen der Länge nach links auf links falten. Dies ergibt einen gedoppelten Streifen von 2 cm Höhe.

Den doppelten Bündchenstreifen mit der offenen Kante entlang der Stoffkante auf der rechten Seite des Kleidungsstücks anlegen und entsprechend der Regeln zu geraden und gebogenen Kanten (siehe Seite 21) mehr oder weniger gedehnt feststecken und annähen.

Zum Annähen am besten die Overlock oder einen Pseudo-Overlockstich verwenden, die die dreifache Nahtzugabe sauber zusammenfassen. Bei einem schmalen Stich können die Kanten anschließend mit einer Zickzacknaht zusammengefasst werden.

Anschließend die Nahtzugabe in das Kleidungsstück legen und die Naht bügeln. Bei Bedarf von rechts mit einem geeigneten Stich (Geradstich, Zickzack, Zierstich) absteppen.

Einfassungsmethode mit offener Unterseite

Bei der Einfassung mit offener Unterseite kommen Streifen mit einer Höhe von 3,5 bis 4 cm zum Einsatz, errechnet nach der Formel 3x Nahtzugabe/fertige Breite + 0,5 bis 1 cm Sicherheitszugabe (zum Abschneiden). Die fertige Breite und die Nahtzugabe entsprechen einander und werden hier als 1 cm angenommen. Diese Technik eignet sich gut für Bündchenstoffe und Stretchjersey.

Den Streifen rechts auf rechts unter Einhaltung der Nahtzugabe entlang der Kante annähen, dabei jeweils die richtige Dehnung beachten. Der Streifen liegt beim Annähen mit voller Breite auf der rechten Stoffseite des Kleidungsstücks.

Den Streifen straff um die Kante nach links umschlagen. Auf der Rückseite überragt er jetzt die erste Naht um den Betrag der Sicherheitszugabe.

Nun die Einfassung von der rechten Seite aus knappkantig mit einem geeigneten Stich (z. B. Gerad- oder Zickzackstich, Zwillingsnadel) absteppen und dabei den Umschlag fixieren, der sich auf der linken Stoffseite befindet.

Danach den Umschlag vorsichtig entlang der Naht auf der Rückseite zurückschneiden.

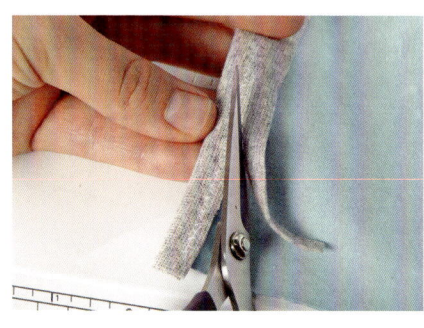

Einfassungsmethode mit geschlossener Unterseite

Die Einfassung mit geschlossener Unterseite wird doppelt gefaltet und ist somit auf Vorder- und Rückseite gleichermaßen sauber verarbeitet. Sie eignet sich für wendbare Kleidungsstücke. Da die Einfassung 4-fach liegt, plus die Stofflagen dazwischen, sind für diese Methode nur dünnere Bündchenstoffe und am besten Stretchjerseys geeignet.

Es wird ein Streifen nach der Formel 4x fertige Breite zugeschnitten, wobei die Nahtzugaben beim Annähen der fertigen Breite der Einfassung entsprechen müssen. Ausgehend von 1 cm ergibt das eine Streifenhöhe von 4 cm. Werden mehrere Lagen oder dickere Stoffe eingefasst (ist die Stoffkante also voluminöser), empfiehlt es sich, noch weitere 0,5 cm hinzuzufügen.

Den Streifen mit der rechten Seite auf der linken Seite des Kleidungsstückes an der Kante bündig auflegen und unter Einhaltung der Nahtzugabe und der richtigen Dehnung mit einer ersten Naht annähen.

Nun den Streifen erst nach oben legen und anschließend eine Nahtzugabe breit links auf links einklappen. Den eingeklappten Streifen so nach unten falten, dass er auf der rechten Stoffseite des Kleidungsstücks aufliegt. Dabei reicht er knapp über die erste Naht hinaus.

Den Streifen gut feststecken und von rechts knappkantig absteppen. Dabei unbedingt darauf achten, dass der Streifen gleichmäßig knapp über der ersten Naht liegt. Diese Naht markiert nämlich das Niveau der Streifenkante auf der Stoffrückseite, die man auch durch den Stoff erfühlen kann. Die Faltkanten sollten möglichst genau übereinanderliegen.

Wird beim Absteppen ein Zickzackstich benutzt, steigert das die Wahrscheinlichkeit, sowohl die Kanten auf der Vorder- als auch auf der Rückseite zu treffen. Ob die Rückseite mit der Steppnaht ebenfalls erfasst wird, hat bei dieser Einfassungsmethode allerdings nur optische Vorteile. Durch die erste Naht ist der Streifen sicher fixiert.

Zusammennähen der Kanten

Häufig werden die Einzelteile des Kleidungsstücks erst nach dem Abschließen mit Jersey- oder Bündchenstreifen zusammengenäht. Diese Kanten sind oft relativ dick und neigen dazu, sich beim Zusammennähen gegeneinander zu verschieben.

Das vermeidet man, indem man die Kanten zunächst innerhalb der Nahtzugabe mit Geradstich aufeinander fixiert. Beim Zusammennähen am besten zu Beginn der Naht die Fäden vom Nahtanfang greifen und während der ersten Stiche behutsam nach hinten wegziehen. Das unterstützt den Transporteur von Nähmaschine oder Overlock.

Die Kante am Nahtanfang ist meist auch nach dem Zusammennähen noch prominent und sieht unsauber aus. Das lässt sich leicht ändern, indem man die Nahtzugabe zur Seite faltet (gewöhnlich in Richtung Rückseite des Kleidungsstückes) und von rechts mit Geradstich auf Breite der Einfassung bzw. des Streifens feststeppt.

Sonderfall: Ausschnitte

Sollen Arm- oder Halsausschnitte eingefasst oder mit gefalteten Bündchen versehen werden, ist das auf zweierlei Arten möglich:

Bei der ersten und leichteren Methode können die Ausschnitte zunächst an einer Schulter- oder Seitennaht offen gelassen, dann mit einem Abschluss versehen und erst danach fertig zusammengenäht werden. Hierfür schneidet man einen überlangen Bündchenstreifen zu, den man mit der notwendigen Dehnung annäht. Das überstehende Stück einfach abschneiden. Beim anschließenden Zusammennähen der Schulter- bzw. Seitennaht unbedingt darauf achten, dass die Kanten aufeinanderliegen.

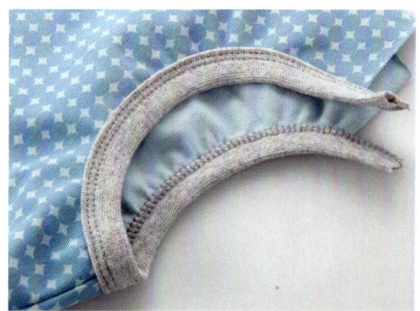

Mit der zweiten Methode fertigt man einen saubereren Halsausschnitt, da hier keine Schulter-

Grundanleitung ★ 23

bzw. Seitennaht sichtbar ist. Dafür das Kleidungsstück zunächst vollenden und erst danach die Bündchen-/Jerseystreifen mit einer Länge von Ausschnittweite x 0,7 bis 0,8 cm (je nach Dehnbarkeit) zuschneiden, zum Ring zusammennähen und ringförmig einnähen. Dabei ist es wichtig, auf eine gleichmäßige Dehnung zu achten. Ausschnitt und Streifenring zunächst mithilfe von Stecknadeln in 2 bis 4 Teile einteilen und danach passend in den Ausschnitt stecken, bevor man sie gleichmäßig zwischen den Nadeln gedehnt einnäht (siehe „Bündchen nähen", Seite 17).

Option: Einfassen mit Falzgummi

Falzgummi ist ein breites Gummi mit vorgefertigter Falzkante in der Mitte. Es hat zumeist eine glänzende, glatte Seite und eine raue, matte. Einfassungen mit Falzgummi finden sich häufig an Unterwäsche, da sie besonders wenig auftragen. Aber auch für Ausschnitte eignet sich Falzgummi.

Das Falzgummi in einem Arbeitsgang falten, unter richtiger Dehnung um die Stoffkante herumlegen und feststeppen.

Die vorgegebene Falzkante ermöglicht dabei das gleichmäßige Falten und das gleichmäßige Steppen auf beiden Seiten. Ungeübte nehmen zum Annähen am besten einen Zickzackstich, Geübtere können Falzgummi auch gedehnt mit Geradstich annähen.

Option: Einfassen mit der Covermaschine

Besitzer einer Covermaschine können zum Einfassen einen Bandeinfasser verwenden. Diese hilfreiche Apparatur faltet vorgeschnittene Jersey- oder Bündchenstreifen von vorgegebener Breite automatisch, sodass die Stoffkante nur hindurchgeführt werden muss, um eine perfekte Einfassung zu erhalten. Für Strickstoffe sollten diese Bandeinfasser am besten mit einem Rechen ausgestattet sein, der den Streifen zu führen hilft. Es gibt sie mit unten offener oder geschlossener Faltung. Einige wenige Hersteller bieten diese Einfasser auch für die Nähmaschine an.

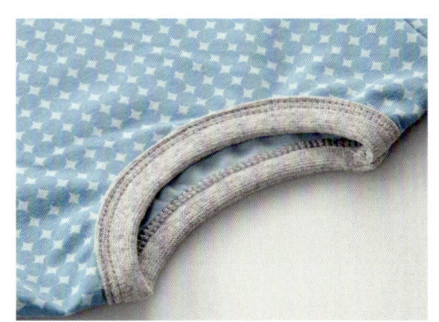

24 ★ Grundanleitung

V-AUSSCHNITT

Der V-Ausschnitt ist etwas schwieriger zu nähen als ein Rundhalsbündchen, doch wenn man ihn ganz exakt näht, kann eigentlich nichts schiefgehen.

Den V-Ausschnittstreifen rechts auf rechts legen und die ausgeschnittene Ecke zusammensteppen. Die Spitze vorsichtig bis zur Naht einschneiden. Den Ausschnittstreifen der Länge nach links auf links legen, dadurch zeigt sich bereits die V-Form. Die kleinen überstehenden Stoffteile an der Spitze des V-Ausschnittes vorsichtig abschneiden.

Den V-Ausschnitt so annähen, dass die Spitze des Halsausschnittes auf die Spitze des Bündchenstreifens trifft.

Den Bündchenstreifen mit der offenen Kante rechts auf rechts an den Ausschnitt legen. Dabei steht die Spitze des Bündchenstreifens 1 cm (oder entsprechend der individuell verwendeten Nahtzugabe) über die Spitze des Halsausschnittes hinaus.

Mit dem Nähen exakt auf der Naht der V-Ausschnitt-Bündchenspitze und in senkrechter Verlängerung der V-Ausschnitt-Spitze der Vorderseite beginnen. Die Naht sollte ca. 4–5 cm lang sein. Hier muss nicht unbedingt ein elastischer Stich verwendet werden, manchmal ist ein einfacher Geradstich leichter zu nähen.

Die V-Ausschnitt-Spitze der Vorderseite vorsichtig bis knapp zur Naht einschneiden.

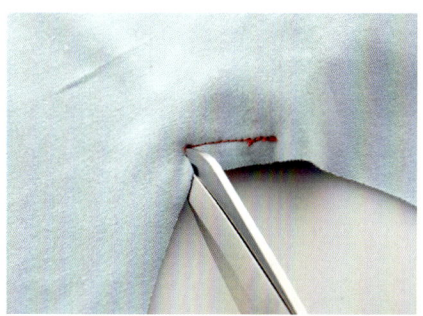

Den Bündchenstreifen anschließend rechts auf rechts auf die andere Seite legen. Wieder mit dem Nähen exakt auf der Naht des V-Ausschnitt-Bündchens beginnen. Die Naht trifft auf die zuvor genähte Naht und sollte wieder 4–5 cm lang sein.

Den Bündchenstreifen nach innen umklappen – fertig ist die sauber genähte Spitze des V-Ausschnitts. Den noch losen Bündchenstreifen nun gleichmäßig leicht gedehnt rechts auf rechts rundherum als Halsausschnitt feststecken und feststeppen. Zum Schluss den Ausschnitt von rechts knappkantig absteppen.

Grundanleitung ★ 25

KNOPFLEISTE

Mit ein wenig Übung bekommen Kleidungsstücke dank einer dekorativen Knopfleiste ein raffiniertes Detail. Als tolle Variationsmöglichkeit lässt sich die Knopfleiste des Longsleeves auch auf die Kleider, das Top oder das Nachthemd in diesem Buch übertragen.

Die Vorderseite des jeweiligen Modells liegt im Stoffbruch. Für die Knopfleiste das Schnittteil zunächst bis zur Markierung auf dem Schnittmuster einschneiden, dann am Ende jeweils 1 cm diagonal nach rechts und links einschneiden.

Die zweite Knopfleiste auf die gleiche Weise festnähen. Anschließend beide Knopfleisten umklappen und die Enden nach innen auf die Rückseite legen, sodass die Knopfleisten schön sauber übereinanderliegen.

Die Knopfleiste zum Schluss gut bügeln und rundherum knappkantig absteppen.

Danach die Knopfleisten auf der linken Stoffseite mit Vlieseline verstärken, dabei die Nahtzugabe aussparen. Die Knopfleisten der Länge nach links auf links falten und versäubern. Eine Knopfleiste mit der versäuberten Kante bündig rechts auf rechts an die aufgeschnittene Kante stecken und exakt bis zum diagonalen Einschnitt feststeppen.

Das kleine aufgeschnittene Dreieck des Schnittteils nach innen einschlagen.

KELLERFALTEN

Als Kellerfalte bezeichnet man eine Falte in einem Kleidungsstück, bei der zwei einander zugewandte Stoffkanten gegeneinanderstoßen. Die Kellerfalte sorgt für etwas Mehrweite und ist gleichzeitig ein echter Hingucker. Oft werden mehrere Kellerfalten nebeneinander platziert.

Um eine Kellerfalte zu nähen, zunächst die Markierungen des Schnittmusters auf die linke Stoffseite übertragen. Jede Kellerfalte besteht aus zwei Außenmarkierungen und der Mittellinie.

Das Kleidungsstück entlang der Mittellinie rechts auf rechts in den Stoffbruch legen. Die Außenmarkierungen liegen nun übereinander. Die Außenmarkierungen bis zur Markierung zusammensteppen und das Nahtende gut sichern.

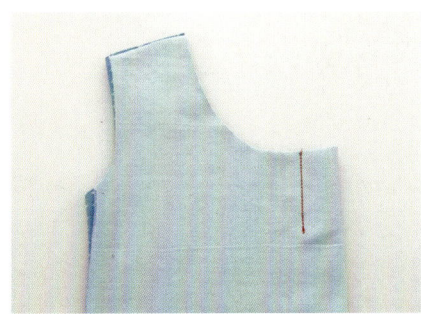

Die so entstandene Kellerfalte nun gleichmäßig nach links und rechts legen und in der Nahtzugabe fixieren. So kann sie bei der weiteren Verarbeitung nicht mehr verrutschen.

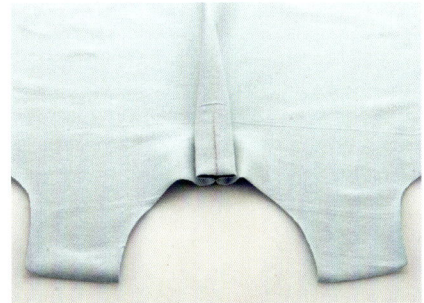

ABNÄHER NÄHEN

Für eine bessere Passform bei größeren Größen werden bei einigen Schnitten in diesem Buch Abnäher genäht. Diese werden jeweils rechts und links an der Vorderseite in Höhe der Brust gearbeitet.

Dazu die Abnäher zunächst auf der linken Stoffseite mit einem Bleistift vorsichtig aufzeichnen.

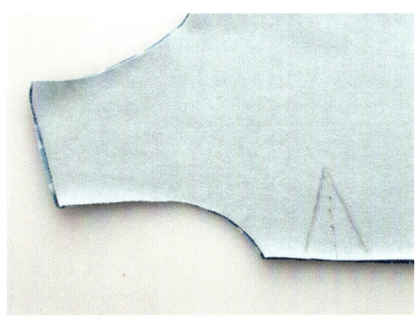

Den Abnäher an der mittleren gestrichelten Linie rechts auf rechts falten und entlang der durchgezogenen Linie spitz zulaufend absteppen. Der letzte Stich sollte hinter der Spitze des Abnähers einstechen, sodass sich später keine Dellen bilden. Die Vorderseite auseinanderklappen und den Abnäher nach unten bügeln.

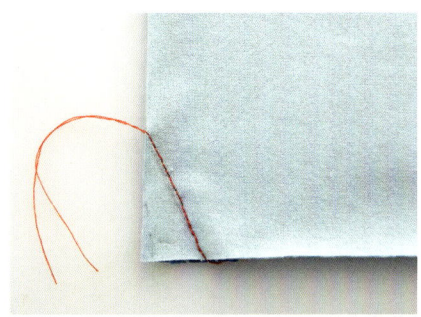

Grundanleitung ★ 27

RAFFEN

Beim Raffen eines Stoffes werden kleine Fältchen gelegt, die für eine romantische Optik und mehr Volumen sorgen, zum Beispiel bei Röcken oder Rockteilen von Kleidern. Diese Technik ist bei Webware sehr verbreitet, sie eignet sich aber genauso gut für Jerseystoffe. Hier werden zwei verschiedene Techniken vorgestellt.

Raffen mit Gummiband

Eine sehr einfache Methode, Jersey zu raffen, ist die Verwendung eines transparenten Gummibandes, auch Framilongummi genannt. Dafür das Gummiband auf die Länge zuschneiden, die das fertig geraffte Teil haben soll.

Anschließend das Gummiband mit einem schmalen Zickzack- oder Geradstich auf der rechten Stoffseite gedehnt aufnähen. Dabei können auch nur einzelne Abschnitte des Gummibandes gedehnt werden, z.B. für mittige Raffungen. Beim Zusammennähen der Teile verschwindet das Gummiband zwischen den Nahtzugaben und kann dadurch nicht kratzen.

Das Gummiband zieht sich nach dem Annähen wieder zusammen und die Raffung hat direkt die gewünschte Breite. Außerdem ist sie elastisch – ein weiterer Vorteil für das Verarbeiten von Jerseystoffen.

Raffen mit Nähfaden

Um Stoff durch eine Naht zu raffen, den Geradstich in großer Stichlänge einstellen und die Oberfadenspannung auf nahe Null senken. Danach im zu raffenden Bereich innerhalb der Nahtzugabe eine gerade Naht nähen. Dabei unbedingt zu beiden Seiten einen ausreichend langen Nähfaden stehen lassen.

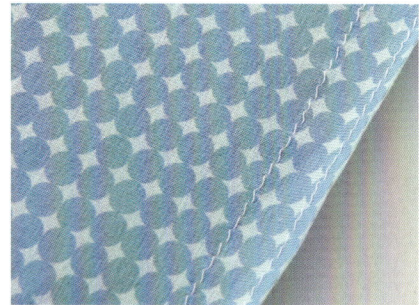

Den Stoff entlang des Unterfadens zusammenschieben, bis die gewünschte Breite erreicht ist. Dann die Fadenenden verknoten und das geraffte Teil weiterverarbeiten. Anschließend die Rafffäden entfernen.

MEIN TIPP:
Viele Oberteile oder Kleider erhalten durch ein gedehnt aufgestepptes Framilongummi knapp unterhalb der Brust zusätzlich Kontur. Bei den Modellen in diesem Buch lässt sich zum Beispiel das Maxikleid auf diese Weise noch stärker konturieren.

PASPELN EINNÄHEN

Eine in der Naht mitgefasste Paspel ist eine sehr hübsche Art, farbliche Akzente zu setzen, und wertet jedes Kleidungsstück optisch auf.

Auch bei Jersey kann herkömmliches Paspelband verwendet werden, sofern die Naht beim Anziehen oder Tragen nicht unter Spannung steht. Eine tolle Lösung für dehnbare Stoffe ist allerdings ein in der Naht mitgefasster, schmaler, gefalteter Streifen Jersey oder Bündchenstoff.

Zunächst muss entschieden werden, wie breit die fertige Paspel werden soll. Empfehlenswert sind etwa 5 mm. Dann wird ein Streifen aus dem gewünschten Stoff quer zum Maschenlauf zugeschnitten. Die Länge entspricht dabei der Länge der Naht, die mit der Paspel versehen werden soll. Die Höhe berechnet sich aus der Nahtzugabe + fertige Paspelbreite x2. Bei einer Nahtzugabe von 1 cm und einer Paspelbreite von 5 mm macht das beispielsweise 3 cm.

Den Streifen links auf links auf halbe Höhe falten und bügeln. An der Nähmaschine einen Geradstich von eher langer Stichlänge einstellen und, falls möglich, den Nähfußdruck senken. Dann den Paspelstreifen mit der offenen Seite entlang der Kante eines Schnittteils auf der rechten Stoffseite anlegen und anschließend mit der Nähmaschine füßchenbreit, also etwa 8 mm vom Rand entfernt, annähen.

Dann beide Schnittteile rechts auf rechts legen und zusammennähen. Damit die Paspel dabei eine gleichbleibende Breite hat, das Stoffteil nach oben legen, an dem die Paspel festgenäht wurde. So kann man die Naht sehen, mit der die Paspel fixiert wurde, und sich daran orientieren. Wird eine Overlock verwendet, die beiden Teile zunächst mit Geradstich zusammennähen und anschließend die Nahtzugabe mit der Overlockmaschine zusammenfassen.

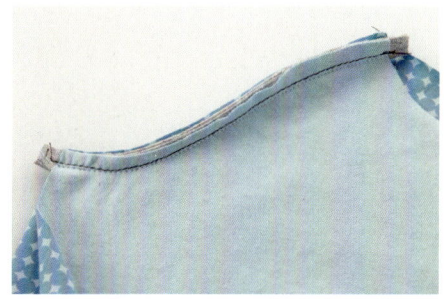

Die Nahtzugabe umlegen und die Nähte bügeln, bei Bedarf noch absteppen.

Grundanleitung ★ 29

TASCHEN

Taschen sind nicht nur praktische, sondern sehr häufig auch tolle modische Details für jedes Kleidungsstück.

Bauchtasche

Die Bauchtasche wird im Stoffbruch plus 1 cm Nahtzugabe zugeschnitten. An den Eingriffen erhält sie meist als Versäuberung Bündchenstreifen, die man je 6 cm breit zugeschnitten und danach links auf links auf 3 cm Breite gefaltet hat. Die Nahtzugaben werden in die Tasche gesteppt.

Besitzer einer Overlockmaschine können anschließend Ober-, Unter- und Seitenkanten der Tasche versäubern, das verleiht Stabilität und vereinfacht das Annähen.

Die Nahtzugaben an Oberkante und Seitenkanten nun zur linken Stoffseite umbügeln. Anschließend die Tasche entsprechend des Stoffbruchs vom Zuschnitt mittig zusammenfalten und den Stoffbruch bügeln. So erhält man eine reversible Markierung der Mittellinie. Mit dem Vorderteil des Pullovers ebenso verfahren, auch hier ist nun die vordere Mitte durch die Falz im Stoff markiert.

Die Tasche entlang dieser gebügelten Linien und mit den Unterkanten bündig genau mittig auf dem Vorderteil feststecken. Anschließend die Oberkante und die Seitenkanten mit einer oder zwei Reihen Geradstich annähen, dabei Nahtanfang und -ende gut mit Rückstichen sichern.

Die Unterkante der Tasche mit großer Stichlänge an die Unterkante des Pullovers heften, um das Annähen des Bauchbündchens zu erleichtern. Den Pullover nun wie gewohnt fertignähen.

Hosentaschen

Aufgesetzte **rückwärtige Taschen** lassen sich leicht selbst zuschneiden. Hierfür ein passend großes Rechteck oder ein Rechteck mit Spitze zuschneiden. Die Oberkante erhält als Umschlag für den Tascheneingriff eine Zugabe von 3 cm. Für mehr Stabilität können die Kanten mit der Overlock versäubert werden.

Zunächst die 3 cm Zugabe am Tascheneingriff rechts auf rechts umklappen. Den Umschlag seitlich unter Einhaltung der Nahtzugabe festnähen, dabei Nahtanfang und -ende mit Rückstichen sichern. Die Ecken zurückschneiden, den Umschlag links auf links wenden und bügeln.

Die Nahtzugaben der Tasche zur linken Stoffseite umbügeln. Die Taschen an der gewünschten Stelle auf der Hose platzieren, feststecken und knappkantig aufnähen. Dabei aber den Eingriff aussparen. Die Nahtenden sorgfältig sichern.

30 * Grundanleitung

WENDEÖFFNUNGEN SCHLIESSEN

Gedoppelte Kleidungsstücke werden rechts auf rechts zusammengenäht und anschließend durch eine kleine Öffnung in der Naht gewendet. Um diese sogenannte Wendeöffnung zu schließen, gibt es verschiedene Möglichkeiten. Manchmal kann man die Öffnung beim Absteppen mitfassen, oft aber ist es eine besonders elegante Lösung, das Loch in der Naht später unsichtbar mit Matratzenstich zu verschließen.

Matratzenstich

Der Matratzenstich schließt unsichtbar Öffnungen innerhalb einer Naht. Das ist sehr hilfreich beispielsweise bei Kleidungsstücken zum Wenden, die auf beiden Seiten sauber gearbeitet aussehen sollen, oder bei Wendeöffnungen in Seitennähten, wo Steppnähte nicht sinnvoll sind.

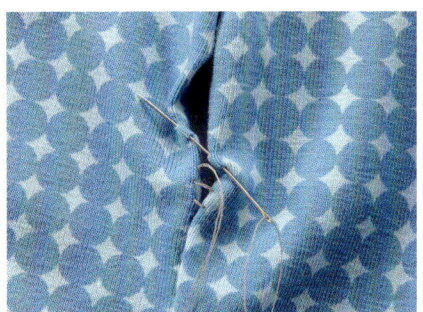

Zunächst die Nahtzugaben entlang der Öffnung gleichmäßig nach innen umschlagen und die Ränder der Öffnung mit einer Stecknadel oder etwas Stylefix (schmales, transparentes Stoffklebeband) fixieren. Einen Nähfaden in eine feine Handnähnadel (bei Maschenware am besten mit runder Spitze) fädeln und das Ende verknoten. An der Außenkante der Öffnung die Nadel von der Stoffinnenseite nach außen führen, sodass der Knoten auf der Innenseite verschwindet. Die Nadel in die erste Kante der Öffnung einstechen, etwa 2 mm durch den Stoff führen und wieder an die Oberfläche ausstechen. Jetzt auf gleicher Höhe die Seite wechseln und das Ganze an der gegenüberliegenden Kante wiederholen. Abwechselnd hin und her arbeiten, dabei immer auf gleicher Höhe einstechen und den Faden behutsam festziehen, sodass sich die Kanten genau aneinanderlegen. So wird die Öffnung verschlossen. Am Ende der Wendeöffnung den Faden verknoten und vernähen.

Absteppen

Befindet sich wie beispielsweise bei einem Halstuch die Wendeöffnung an einer Kante, die später flach liegt, lässt sich das fertige Kleidungsstück ringsherum mit Geradstich absteppen. Auch dann ist von der Öffnung nichts mehr zu sehen.

Alternativ kann man die Ränder einer Wendeöffnung sorgfältig mit Stecknadeln oder Stylefix bündig aneinanderlegen und nur im Bereich der Öffnung dezent absteppen. Dabei sollte man auf farblich passendes Garn achten und Nahtanfang und -ende durch Rückstiche sorgfältig sichern. Diese Technik eignet sich besonders, um Öffnungen im Futterstoff eines Kleidungsstücks oder bei Taschen zu verschließen, die später ohnehin innen liegen.

Grundanleitung ★ 31

DRUCKKNÖPFE

Für viele Kleidungsstücke aus Jersey benötigt man Druckknöpfe, so beispielsweise für die Knopfleisten am Shirt oder am Cardigan. Dabei sollte man unbedingt **spezielle Jerseydruckknöpfe** verwenden. Sie haben im Ring angeordnete Zacken, die sich durch den Stoff in das Gegenstück drücken und dort umgebogen werden. So wird beim Öffnen und Schließen der Zug verteilt, die Knöpfe reißen nicht einfach aus. Trotzdem sollte der Bereich, in dem die Druckknöpfe angebracht werden, zusätzlich mit einer Bügeleinlage verstärkt werden. Werden die Drücker in einer Einfassung oder einem gedoppelten Bündchenstreifen befestigt, ist eine Verstärkung allerdings nicht nötig.

Die Druckknöpfe haben eine nach innen gewölbte, „weibliche" Seite und eine nach außen gewölbte „männliche". Beim Anbringen muss man stets darauf achten, dass diese Seiten am fertigen Teil ineinandergreifen können. Die gewöhnlich ringförmigen Gegenstücke müssen also stets an den gegenteiligen Stoffseiten angebracht werden. Die Position der Druckknöpfe sollte vor dem Anbringen mit Kreide oder einem speziellen Markierungsstift auf dem Stoff angezeichnet werden.

Druckknöpfe werden mit einer Zange und passenden Aufsätzen angebracht. Es ist sehr wichtig, hierfür die korrekten, zu den jeweiligen Knöpfen passenden Aufsätze bzw. die passende Zange zu verwenden.

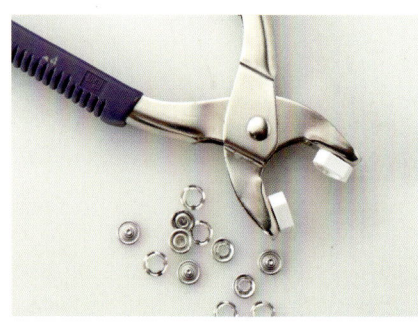

Für optimale Ergebnisse zunächst den weiblichen oder männlichen Teil in der Zange befestigen. Dann den Zackenring von Hand an der gewünschten Stelle in den Stoff drücken und erst anschließend in die mit dem Gegenstück versehene Zange einpassen. Nun die Zange behutsam zudrücken. Dabei darauf achten, dass sicher alle Zacken greifen. Anschließend mit der zweiten Seite des Druckknopfs ebenso verfahren.

Sollte einmal ein Druckknopf falsch angebracht worden sein, kann er entfernt werden, indem man ihn mit einer stumpfen Zange behutsam senkrecht zusammendrückt. Der Zackenring löst sich dabei aus dem Gegenstück und kann vorsichtig aus dem Stoff gezogen werden.

Als Alternative zu Druckknöpfen sind **Kam Snaps** erhältlich. Das sind Druckknöpfe aus Kunststoff, die es in allen denkbaren Farben und verschiedenen Größen gibt. Kam Snaps müssen zwar mit einer speziellen Kam-Snap-Zange angebracht werden, sie werden grundsätzlich aber genauso angebracht wie andere Druckknöpfe

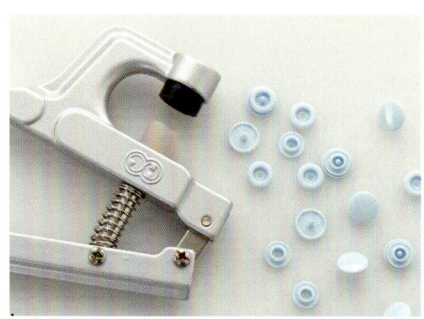

ÖSEN

Ösen eignen sich bestens als dekorativer Durchlass für Kordeln und Bänder. Bei vielen Kleidungsstücken oder Taschen wäre es zwar genauso möglich, ein Knopfloch mit der Nähmaschine zu nähen und hier eine Kordel oder ein Band hindurchzuziehen, doch mit einer Öse setzt man noch einmal besondere optische Akzente.

Ösen gibt es in verschiedenen Größen und aus unterschiedlichen Metallen. Hier kann man nach Lust und Laune aus der angebotenen Vielzahl wählen. Wichtig ist allerdings, darauf zu achten, dass sie rostfrei sind, damit sie vor allem bei Kleidungsstücken auch mitgewaschen werden können.

Vor dem Anbringen der Ösen müssen einlagige Stoffe unbedingt mit einer Bügeleinlage verstärkt werden, um ein späteres Ausreißen der Ösen zu verhindern. Mehrlagige Stoffe hingegen brauchen oftmals keine zusätzliche Verstärkung.

Die Arten, Ösen anzubringen, unterscheiden sich je nach Hersteller und Größe der Öse, etwas voneinander. Üblicherweise wird mit den Ösen ein Einschlagwerkzeug mitgeliefert, mit dem die Ösen mithilfe eines Hammers eingeschlagen werden. Sehr kleine Ösen (unter ø 5 mm Durchlass) werden meist mithilfe einer speziellen Zange angebracht.

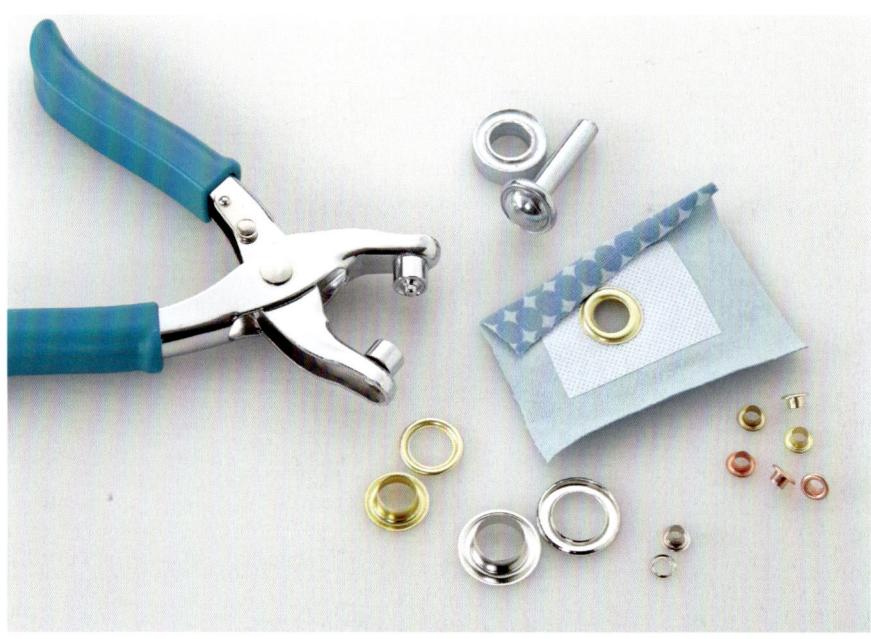

EINLAGEN

Einlagen sind unter dem Markennamen **Vlieseline** erhältlich und dienen der Stabilität von Bekleidungsstücken und Taschen. Im Handel gibt es eine große Anzahl unterschiedlicher Einlagen für die verschiedensten Anwendungsbereiche, wobei häufig nicht nur eine Einlage zum Verstärken von Stoffen ausgewählt werden kann, sondern mehrere Vliese möglich sind – ganz nach den persönlichen Vorlieben einer jeden Näherin. Die folgende Übersicht gibt Empfehlungen zu den gängigsten Einlagen für die Modelle in diesem Buch:

H 180: leichte Bügeleinlage zum Verstärken von Kleinteilen an Kleidungsstücken, wie z.B. an den Knopfleisten vom Longsleeve. Diese Einlage ist nicht elastisch und daher nicht grundsätzlich für alle Teile an Jersey-Kleidungsstücken geeignet; ggf. bi-elastische Gewebeeinlage auswählen (bei den Modellen in diesem Buch jedoch nicht notwendig); für etwas mehr Festigkeit kann auf H 200 zurückgegriffen werden.

Stickvlies (aufbügelbar oder zum Unterlegen und Ausreißen): Stickvlies eignet sich zum Nähen von Knopflöchern, sofern es später nicht mehr sichtbar ist, also beispielsweise bei doppelt liegenden Stoffen. Hier kann das Stickvlies zwischengelegt werden. Werden Knopflöcher in einfach liegende Stoffe genäht, sollte man beispielsweise ein wasserlösliches Vlies auswählen. Aufbügelbares Stickvlies lässt sich prima zum Verstärken von Ösen einsetzen.

S 320: aufbügelbare Schabrackeneinlage zum Verstärken von Taschen. Für noch mehr Stabilität kann S 520 verwendet werden. Der Stoff erhält durch das Aufbügeln dieser Einlagen zwar eine höhere Festigkeit und mehr Stand, allerdings nicht mehr Volumen. Bei den Jerseymodellen in diesem Buch nimmt diese Vlieseline jeweils die Dehnbarkeit weg und verhindert ein Ausleiern der Taschen. Für mehr Volumen kann z.B. ein **Volumenvlies** wie H 630 oder H 640 aufgebügelt werden.

Verstärken mit Vlieseline

Die meisten genannten Vlieseline-Produkte lassen sich aufbügeln. Sie haben eine gekörnte Oberseite, die sich durch Bügeln mit dem Stoff verbindet. Die gekörnte Oberseite wird auf die linke Seite des Stoffes gelegt und mit der je nach Vlieseline benötigten Temperatur aufgebügelt. Auf dem Rand der Vlieseline ist immer die Verarbeitungstemperatur aufgedruckt. Sicherheitshalber immer eine Probe an einem Reststück Stoff machen und gemäß Bügelanleitung aufbügeln.

34 ★ Grundanleitung

Kleidung nähen – Grundmodelle

PASSFORM UND GRÖSSENWAHL

Den Modellen in diesem Buch liegt folgende **Körper-Maßtabelle** zugrunde:

Konfektionsgröße	36	38	40	42	44	46
Körperhöhe (cm)	168	168	168	168	168	168
Brustumfang (cm)	84	88	92	96	100	104
Taillenumfang (cm)	68	72	76	80	84	88
Hüftumfang (cm)	94	97	100	103	106	109

Entscheidend für die Wahl der Größe von Oberteilen und Kleidern ist der Brustumfang. Für Hosen sollte die Hüftweite mit den eigenen Maßen verglichen werden. Die Röcke in diesem Buch sind weit ausgestellt, sodass hier der Taillenumfang maßgeblich ist.

Wer zwischen zwei Größen liegt, kann sich entscheiden, ob er Kleidungsstücke lieber enger oder weiter trägt, und entsprechend zur größeren oder kleineren Größe greifen. Durch die Elastizität von Jersey ist das in der Regel problemlos möglich.

Einfache Schnittanpassungen

Der Körper jeder Frau ist natürlich ganz individuell geformt, und nicht jede Frau hat gleichmäßig verteilte Proportionen. So hat die eine etwas weniger Oberweite und dafür eine breitere Hüfte, während die andere viel Oberweite und wenig Hüfte hat. Einfache Schnittanpassungen schaffen auch Anfänger – ohne sich gleich in die Schnittkonstruktion einarbeiten zu müssen:

Bei der Auswahl der Größe sollte man vom Brustumfang ausgehen und dann beim Abpausen der Schnittteile unterhalb der Armausschnitte im Taillen- und Hüftbereich in einem Schwung auf eine andere Größe wechseln. Die zugrundeliegenden Schnittmuster haben eine **Standardgröße** von 168 cm. Ist man selbst etwas größer oder kleiner, lassen sich die Längen am Saum meist einfach entsprechend verlängern oder kürzen.

Bitte jedoch keine Experimente mit den Nahtzugaben! Ohne Nahtzugabe zu nähen, wo eigentlich eine hinzuzufügen wäre, verfälscht die Proportionen (die Teile werden zu schmal und bleiben dabei zu lang) und ist daher in keinem Fall ratsam.

STOFFVERBRAUCH

In den Anleitungen findet sich als Richtwert die benötigte Stoffmenge je für die Konfektionsgrößen bis 40 bzw. bis 46 – jeweils bezogen auf den verwendeten Stoff und seine Stoffbreite (140 cm Stoffbreite).

Beispiel: Steht in der Materialliste „Stoff 1: Jersey in Hellrosa, 165 cm x 140 cm (bis Gr. 40)/ 185 cm x 140 cm (ab Gr. 42)", wird damit als durchschnittliche Stoffmenge für die Größen 36–40 ein 165 cm langer und 140 cm breiter Jersey und für die Größen 42–46 ein 185 cm langer und 140 cm breiter Jersey gebraucht.

Selbstverständlich ist es möglich, dass sich die benötigte Stoffmenge bei abweichenden Stoffbreiten erhöht oder verringert. Auch bei Stoffen mit Musterrichtung oder großen Motiven, die an einer bestimmten Stelle platziert sein sollen, kann sich der Stoffverbrauch erhöhen.

KLASSISCHE SHIRTS, PULLOVER ODER KLEIDER NÄHEN

Bei klassischen Shirts, Pullovern oder Kleidern zunächst das Vorder- und das Rückenteil entlang der Schultern bündig rechts auf rechts aufeinanderlegen und die Schulternähte nähen. Hier kann ein Framilongummi miteingefasst werden, um ein Ausleiern der Schultern zu verhindern.

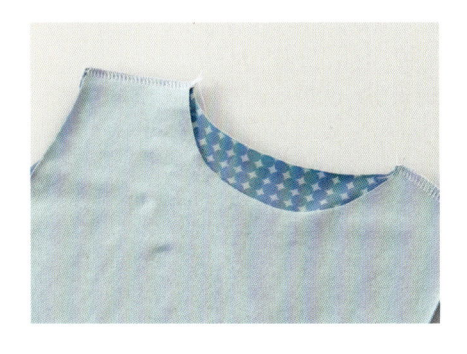

Anschließend die Ärmel rechts auf rechts in die Armöffnungen einsetzen und annähen. Aber aufgepasst: Da die Armkugel (der obere geschwungene Bogen des Ärmel-Schnittteils) bei vielen Schnitten nicht symmetrisch ist, muss man genau darauf achten, wo vorne und hinten ist. Dafür die Passzeichen – also die kleinen Striche – an den Schnittteilen beachten: Das Passzeichen an der Armkugel muss auf das Passzeichen am Armausschnitt der Vorderseite treffen. Der Scheitelpunkt der Armkugel wiederum trifft auf die Schulternaht.

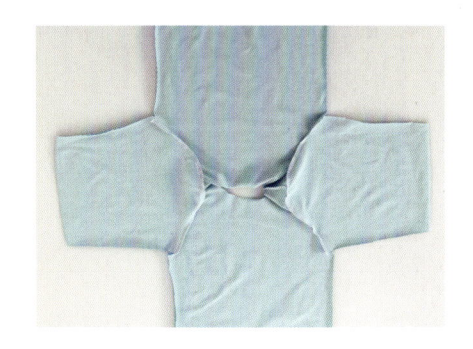

Dann das Vorder- und Rückenteil rechts auf rechts aufeinanderlegen, die Säume liegen bündig, die Ärmel sind zur Hälfte gefaltet. Nun die Seitennähte in einem Zug von der Ärmelunterkante bis zum Saum schließen.

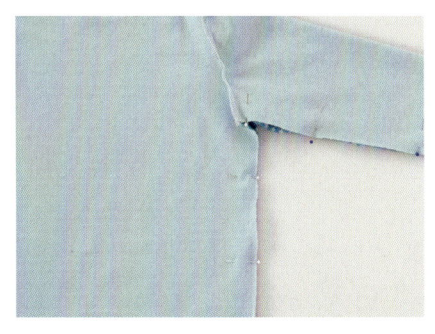

Ärmel und Saum werden entweder gesäumt oder mit Bündchen versehen, der Halsausschnitt bekommt ein Bündchen, einen Rollkragen oder eine Kapuze.

Halsbündchen oder alternative Einfassungen können auch vor dem Schließen der zweiten Schulternaht angenäht werden.

Bauchtaschen oder Motive mit Stoffmalfarbe vor dem Zusammennähen auf den Einzelteilen platzieren und aufnähen bzw. auftragen.

HOSEN NÄHEN

Die Hosen in diesem Buch bestehen pro Hosenbein jeweils aus einer Vorderhose und einer Hinterhose. Die Hinterhose ist dabei meist breiter als die Vorderhose.

Um die Hosen zu nähen, pro Hosenbein zunächst Vorderhose und Hinterhose an der langen Außenseite bündig rechts auf rechts aufeinanderlegen und die Außenbeinnaht schließen.

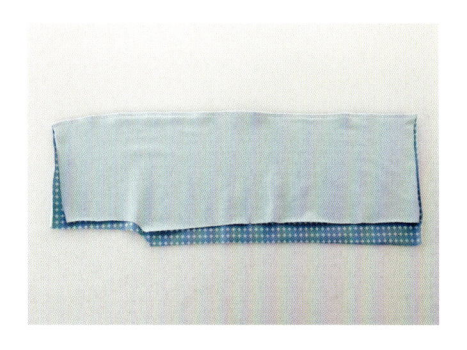

Dann die Hosenbeine auseinanderklappen und beide genähten Hosenbeine rechts auf rechts legen. Anschließend die Schrittnaht auf beiden Seiten sorgfältig zusammennähen.

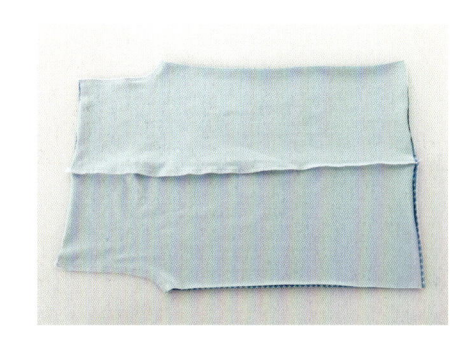

Nun die Hose so wenden, dass die Hosenbeine der Vorder- und Hinterhose rechts auf rechts aufeinanderliegen und die zuvor genähten Schrittnähte aufeinandertreffen. Die Innenbeinnaht vom einen Fuß bis zum Schritt und vom Schritt bis zum anderen Fuß in einem Zug zusammennähen.

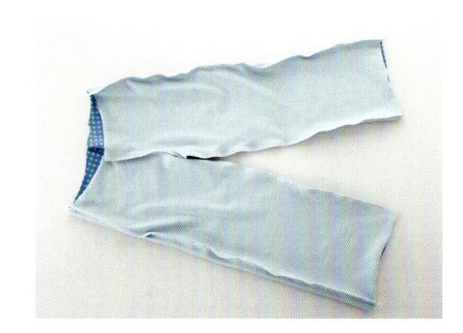

Taschen

Grundsätzlich eignen sich für Taschen feste, nicht elastische Stoffe. Aber auch aus Jersey oder Sweat lassen sich tolle Taschen fertigen. Dann sollte man jedoch auf eine entsprechende **Verstärkung** achten, damit die Taschen nicht ausbeulen.

Die Schnittteile können mit aufbügelbarer Vlieseline verstärkt werden, sodass sie mehr Standfestigkeit erhalten und nicht mehr ausleiern. Alternativ wird eine Einlage aus einem festen unelastischen Stoff zwischen Innen- und Außentasche genäht. Das gibt der Tasche zwar keinen zusätzlichen Stand, verhindert jedoch ein Ausleiern der Tasche.

TASCHEN NÄHEN

Bis auf den Rucksack werden alle Taschen in diesem Buch folgendermaßen gearbeitet:
Zunächst die beiden Außentaschen-Seiten rechts auf rechts legen und die Seiten sowie die Unterkante zusammensteppen, dabei die beiden ausgesparten Ecken offen lassen.

Die Außentasche so auseinanderziehen, dass die Seitennaht auf die Unterkantennaht trifft, und quer über die Öffnung steppen. Dann die Nahtzugaben einkürzen.

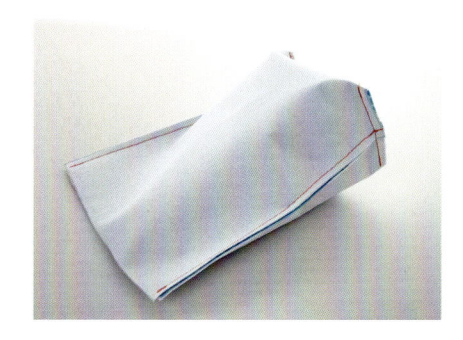

Die Innentasche auf die gleiche Weise nähen, hier allerdings an der Unterkante gemäß Modellanleitung eine Wendeöffnung offen lassen.

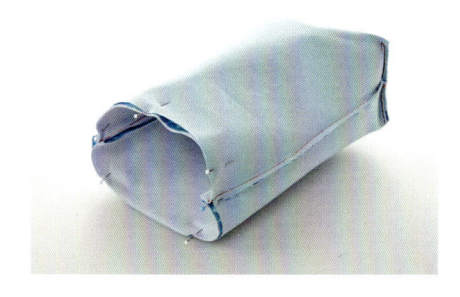

Anschließend die Außentasche rechts auf rechts in die Innentasche stecken und die Oberkante rundherum zusammennähen. Am leichtesten lassen sich die Taschen ineinanderstecken, wenn die Innentasche noch auf links liegt, während die Außentasche bereits auf rechts gewendet wurde. Anschließend die Tasche durch die Wendeöffnung wenden und die Wendeöffnung von Hand mit einem Matratzenstich schließen oder mit der Nähmaschine absteppen.

Grundanleitung ✱ 37

Lexikon

Absteppen: Nähen entlang einer Kante oder einer Naht meist auf der rechten Stoffseite um beispielsweise die Nahtzugabe festzusteppen oder eine Naht zu stabilisieren oder zum Verzieren.

Armausschnitt: Der ausgesparte Teil am Oberteil, in das der Ärmel eingesetzt wird.

Armkugel: Der obere geschwungene Bogen am Ärmel-Schnittteil.

Doppelte Stofflage: Wird der Stoff beim Zuschneiden rechts auf rechts doppelt gelegt, also in doppelter Stofflage zugeschnitten, erhält man direkt gespiegelte Schnittteile, also z.B. rechten und linken Ärmel oder Hosenbein.

Fadenlauf/Maschenlauf: Die Richtung, in der der Stoff gestrickt (Maschenlauf) oder gewebt (Fadenlauf) wurde. Er verläuft immer parallel zur Seitenkante und ist bei Maschenware beim Zuschnitt von großer Bedeutung für die Dehnbarkeit. Die Dehnbarkeit ist nämlich gewöhnlich quer zum Maschenlauf am größten.

Framilongummi: Ein transparentes, dünnes Gummiband, das gedehnt angenäht für die Raffung von dehnbaren Stoffen verwendet wird und ungedehnt in der Naht mitgefasst ein Ausleihern verhindert (zum Beispiel an Schulternähten).

Füßchenbreit: Füßchenbreit nähen bedeutet, dass die Naht der halben Breite des Nähfußes entspricht. Die Nadel befindet sich dabei in mittiger Position und der Nähfuß wird direkt entang der Kante geführt. Das sorgt für eine Naht im gleichmäßigen Abstand vom Rand bei etwa 7 bis 8 mm, jeweils nach Maschinenmodell.

Hintere Mitte: Gedachte Mittellinie an der Rückseite eines Kleidungsstückes. Bei einem Oberteil verläuft sie entlang der Wirbelsäule, bei einer Hose entlang der rückwärtigen Schrittnaht in Verlängerung der Wirbelsäule. Sie wird durch symmetrisches Falten des Kleidungsstückes ermittelt.

Jersey-Schrägband: Ein Stoffstreifen, der bereits dreifach vorgefalzt ist, wodurch die offenen Seitenkanten im Inneren liegen, und der ohne weitere Vorbereitung zum Versäubern von Kanten, aber auch anderweitig verwendet werden kann. Herkömmliches Schrägband ist aus Webware und nicht elastisch, daher darauf achten, dass spezielles Jersey-Schrägband verwendet wird.

Linke Stoffseite: Die Rückseite des Stoffs, die später nach innen zeigt. Bei bedruckten Stoffen ist dies die Seite, auf der kein Druck zu sehen ist.

Links auf links (l-a-l): Eine Art, den Stoff zusammenzulegen, wobei die linken Seiten oder Unterseiten/unbedruckten Seiten des Stoffes aufeinandertreffen.

Musterverlauf/Stoffmuster: Gemusterte Stoffe haben einen Musterverlauf, sie sind entweder in eine Richtung ausgerichtet oder ungerichtet. Beim Zuschnitt sollte darauf geachtet werden, dass ein Muster später nicht auf dem Kopf steht, bei ungerichteten Mustern ist es meist egal, wie herum sie zugeschnitten werden. Beim Aneinandernähen zweier Stoffteile sieht es schöner aus, wenn kein Versatz entsteht. An manchen Stellen ist dies nicht anders möglich, aber z.B. an den Seitennähten bei Hosen oder Oberteilen ist ein durchgehendes Muster, das vom einen Schnittteil durchgehend zum anderen läuft, schöner. Wenn auf das Muster beim Zuschnitt geachtet wird, kann sich der Stoffverbrauch erhöhen, da ein Schnittteil evtl. mit mehr Abstand zur Kante zugeschnitten wird, wodurch mehr Ausschuss produziert wird.

Nähfußdruck: Der Druck, den der Nähfuß nach unten auf den Stoff ausübt. Bei den meisten Nähmaschinen einstellbar. Dehnbare Stoffe sollten mit reduziertem Nähfußdruck genäht werden, da das Wellenbildung verhindert. Bei schweren Stoffen verbessert ein gesteigerter Nähfußdruck den Stofftransport.

Nahtzugabe (NZG): Der angeschnittene Überstand abseits der Nahtlinie, die den Schnittteilen hinzugefügt wird, um ein Aneinandernähen zu ermöglichen. Es sollte immer nur so viel Nahtzugabe hinzugefügt werden, wie später der Nahtbreite entspricht. Für gewöhnlich beträgt die Nahtzugabe etwa 1 cm, beim Einsatz der Overlockmaschine etwa 7 mm.

Oberfaden: Der Oberfaden wird von der Garnrolle, die oben auf der Nähmaschine sitzt, vernäht und ist auf der rechten Stoffseite sichtbar.

Passzeichen: Kleine Striche auf dem Schnittmuster, die anzeigen an welcher Stelle zwei Schnittteile aufeinandertreffen, damit Schnittteile nicht verkehrt herum angenäht werden.

Rechte Stoffseite: Die „schöne" Stoffseite, die später nach außen zeigt. Bei bedruckten Stoffen ist dies die Seite mit dem Druck.

Rechts auf rechts (r-a-r): Eine Art, den Stoff zusammenzulegen, wobei die rechten Seiten oder Oberseiten/bedruckten Seiten des Stoffes aufeinandertreffen.

Saumzugabe: Die Zugabe am Stoff, die zusätzlich benötigt wird, um einen Saum zu nähen. Dabei empfehlen sich 2-4 cm, die nach innen umgeschlagen und danach sorgfältig festgesteppt werden.

Scheitelnaht: Die oberste Naht an einer Kapuze oder einer Mütze, die entlang eines gedachten Mittelscheitels ggf. bis zur Wirbelsäule verläuft.

Scheitelpunkt: Jeweils der höchste Punkt an einem Schnittteil.

Stoffbruch (Bruch): Der Stoffbruch bezeichnet die Falz, entlang der der Stoff im Maschenlauf beim Zuschneiden doppelt gelegt wird. Symmetrische Schnittteile werden entlang des Stoffbruchs angelegt und auf diese Weise im Ganzen zugeschnitten.

Umbruch: Die Umbruchkante bezeichnet die Linie, an der ein Schnittteil links auf links umgelegt wird, um es so anzunähen. Während der (Stoff-)Bruch in der Regel nur für den Zuschnitt wichtig ist, muss der Umbruch auch beim Nähen beachtet werden.

Unterfaden: Der Unterfaden wird von der Garnspule, die unten in die Nähmaschine eingesetzt ist, vernäht und ist auf der linken Stoffseite sichtbar.

Vordere Mitte: Gedachte Mittellinie an der Vorderseite des Kleidungsstückes. Bei einem Oberteil verläuft sie entlang der gedachten Linie vom Kinn bis über den Bauchnabel, bei einer Hose entlang der vorderen Schrittnaht. Sie wird durch symmetrisches Falten des Kleidungsstücks ermittelt.

Wendeöffnung: Die Wendeöffnung ist eine Unterbrechung einer Naht mit dem Zweck, durch diese später das auf links genähte Teil auf rechts zu wenden. Die Wendeöffnung muss anschließend separat geschlossen werden und wird möglichst an nicht prominenter Stelle platziert (z.B. im Inneren einer Tasche).

OBERTEILE

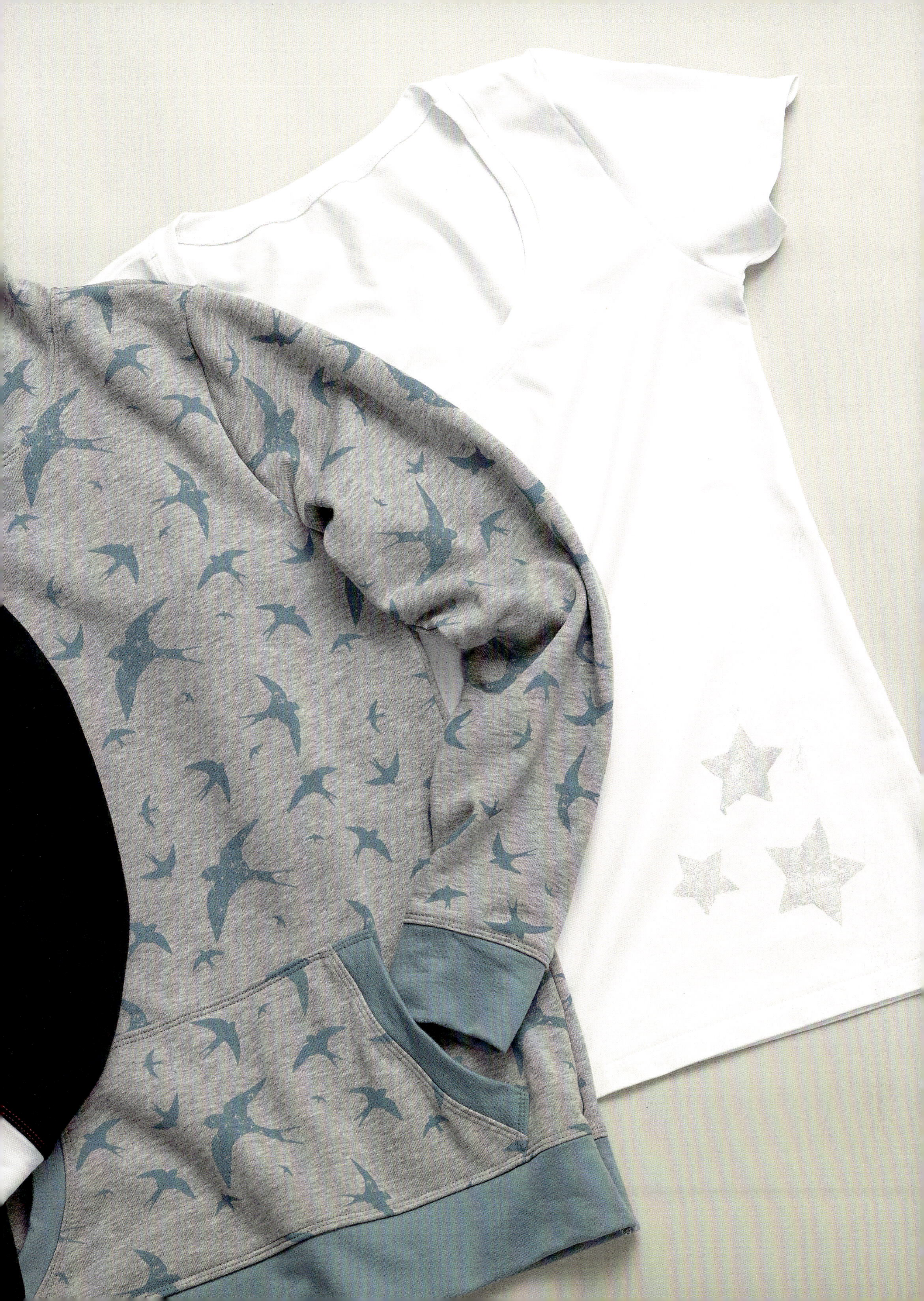

LEGERES T-SHIRT

SCHWIERIGKEITSGRAD 2

GRÖSSE
36–46

MATERIAL
- Stoff 1: Jersey in Weiß, 105 cm x 140 cm (bis Gr. 40)/ 110 cm x 140 cm (ab Gr. 42)
- Farblich passendes Nähgarn
- Sternenschablone
- Stoffmalfarbe in Silber

SCHNITTMUSTERBOGEN 1A+2A (MODELL NR. 1)

NAHTZUGABEN
Alle Schnittteile mit 1 cm NZG zuschneiden. Am Ärmel- und am Shirtsaum eine NZG von 3 cm hinzugeben. Die Halsausschnittbündchen entsprechend der Maßangabe ohne zusätzliche NZG zuschneiden.

ZUSCHNITT

Stoff 1:
- 1x Schnittteil „Vorderseite" im Bruch, obere Halsausschnittkante, Schnittkante Shirt
- 1x Schnittteil „Rückseite" im Bruch, Schnittkante Shirt
- 1x Schnittteil „Ärmel" in doppelter Stofflage, Schnittkante kurzer Ärmel
- 1x Halsausschnittbündchen, 4 cm x 80 % der Länge des Halsausschnitts (bei Verwendung von Bündchenware 70 % der Länge des Halsausschnitts)

ANLEITUNG

[1] Zunächst auf die Vorderseite des T-Shirts mithilfe der Schablone drei Sterne mit Stoffmalfarbe gemäß Herstellerangaben aufmalen. Dann die Farbe gut trocknen lassen.

[2] Dann Vorder- und Rückseite r-a-r an den Schultern bündig aufeinanderlegen und die Schulternähte schließen.

[3] Das Halsausschnittbündchen mittig r-a-r legen und die kurzen offenen Seiten zum Ring zusammennähen. Auf rechts wenden, der Länge nach l-a-l legen und laut Grundanleitung in den Halsausschnitt einnähen (siehe Seite 17).

[4] Die Ärmel mit der Armkugel passend r-a-r an die Armausschnitte stecken, dabei die Passzeichen beachten. Die Ärmel einnähen.

[5] Vorder- und Rückseite r-a-r an den Seiten bündig legen und feststecken. Die Ärmel der Länge nach r-a-r legen und ebenfalls feststecken. Die offenen Seiten der Ärmel und des Shirts vom Ärmel- bis zum Shirtsaum in einem Zug schließen.

[6] Die Ärmelsäume jeweils 3 cm einschlagen, bügeln und von rechts absteppen.

[7] Den Shirtsaum ebenfalls 3 cm einschlagen, bügeln und von rechts absteppen.

MEINE TIPPS:
Es kann variiert werden! Das Shirt lässt sich ebenfalls mit einem tiefen Halsausschnitt, mit dreiviertellangen oder langen Ärmeln nähen. Auch die Knopfleiste kann hier eingesetzt werden (siehe Seite 48 ff.).

...mit glitzernden Highlights ein absoluter Hingucker

ELEGANTES PAILETTEN-TOP

SCHWIERIGKEITSGRAD 3

GRÖSSE
36-46

MATERIAL
- Stoff 1: Jersey in Braun mit Pailletten, 68 cm x 140 cm (bis Gr. 40)/ 70 cm x 140 cm (ab Gr. 42)
- Stoff 2: Jersey in Braun, 20 cm x 140 cm (für alle Größen)
- Farblich passendes Nähgarn

SCHNITTMUSTERBOGEN 2B (MODELL NR. 2)

NAHTZUGABEN
Alle Schnittteile mit 1 cm NZG zuschneiden. Am Hals- und am Armausschnitt keine NZG hinzugeben, da sie eingefasst werden. Die Einfassstreifen und Träger entsprechend der Maßangabe ohne NZG zuschneiden.

ZUSCHNITT

Stoff 1:
- 1x Schnittteil „Vorderseite" im Bruch
- 1x Schnittteil „Rückseite" im Bruch

Stoff 2:
- 1x Schnittteil „Saumbund" im Bruch
- 2x Einfassstreifen für den Ausschnitt, 4 cm x Länge des Halsausschnittes (nachdem die Kellerfalten genäht sind)
- 2x Trägerstreifen, 4 cm x 98 cm (Gr. 36/38), 4 cm x 104 cm (Gr. 40/42), 4 cm x 110 cm (Gr. 44/46)

ANLEITUNG

[1] Zunächst auf der Vorderseite vier Kellerfalten laut Grundanleitung nähen (siehe Seite 27).

[2] Den Halsausschnitt der Vorder- und Rückseite laut Grundanleitung „Einfassungsmethode mit geschlossener Unterseite" einfassen (siehe Seite 22).

[3] Die Trägerstreifen jeweils so legen, dass die Streifenmitte auf die Seitennaht des Armausschnitts trifft. Jeden Trägerstreifen zunächst nur entlang des Armausschnittes laut Grundanleitung „Einfassung mit geschlossener Unterseite" mit der rechten Seite an die linke Seite (Innenseite) des Tops nähen (siehe Seite 22). Anschließend den Trägerstreifen auf die rechte Seite (Außenseite) des Tops umklappen, die Außenkante nach innen legen und die losen Trägerenden so falten, dass ein 1 cm breiter Trägerstreifen entsteht. Den gesamten Träger zusammensteppen.

[4] Den Saumbund im Bruch r-a-r legen und die kurzen offenen Seiten zum Ring zusammennähen. Auf rechts wenden und entlang der Umbruchkante l-a-l legen. Mit der offenen Seite bündig gleichmäßig gedehnt r-a-r am Top-Saum feststecken und laut Grundanleitung einnähen (siehe Seite 17).

[5] Die Träger des Pailetten-Tops in der passenden Länge zusammenknoten. Die Enden ebenfalls verknoten.

MEIN TIPP:
Verlängern Sie das Top und lassen den Saumbund weg. Dann erhalten Sie eine legere Tunika.

...mit verstellbaren Trägern

KNALLIGER PONCHO

SCHWIERIGKEITSGRAD 1

GRÖSSE
36–46

MATERIAL
› Stoff 1: Sweat in Lila meliert, 200 cm x 150 cm (für alle Größen)
› Paspelband in Silber, 2x 75 cm
› Farblich passendes Nähgarn

SCHNITTMUSTERBOGEN 2B+1A (MODELL NR. 3 + 4)

NAHTZUGABEN
Alle Schnittteile mit 1 cm NZG zuschneiden, an der Rundung des Ponchos eine Saumzugabe von 2 cm hinzufügen.

ZUSCHNITT
Stoff 1:
- 1x Schnittteil „Vorderseite" im Bruch (Modell Nr. 3), Schnittkante Halsausschnitt
- 1x Schnittteil „Rückseite" im Bruch (Modell Nr. 3), Schnittkante Halsausschnitt
- 1x Schnittteil „Kragen" im Bruch (Modell Nr. 4)

ANLEITUNG

[1] Vorder- und Rückseite des Ponchos r-a-r aufeinanderlegen. Je ein Paspelband vom Halsausschnitt ausgehend zwischen die geraden Seiten legen und zusammensteppen. In der Grundanleitung auf Seite 29 finden sich Tipps zum Einnähen von Paspeln.

[2] Den Kragen entlang der vorderen Mitte (VM) r-a-r legen und die langen offenen Seitenkanten zum Ring zusammennähen. Auf rechts wenden und entlang der Bruchkante l-a-l legen.

[3] An der Vorder- und Rückseite des Ponchos jeweils die vordere und hintere Mitte markieren. Den Rollkragen mit der offenen Seite bündig so an den Halsausschnitt stecken, dass die Naht auf die hintere Mitte trifft. Die vordere Mitte des Kragens trifft auf die vordere Mitte der Vorderseite und die Passzeichen auf die Schulternähte. Den Rollkragen wie ein Bündchen laut Grundanleitung einnähen (siehe Seite 17).

[4] Den Ponchosaum 2 cm einschlagen, bügeln und von rechts absteppen.

46 ★ Oberteile

...das Trendteil zum Verlieben

EDLES LONGSLEEVE

ANLEITUNG

[1] Für die Knopfleiste die Vorderseite bis zur Markierung einschneiden, am Ende 1 cm nach rechts und links diagonal einschneiden. Die Knopfleiste jeweils mit Vlieseline verstärken (siehe Seite 34) und die Knopfleiste laut Grundanleitung einnähen (siehe Seite 26). Die Druckknöpfe gemäß Markierung auf dem Schnittmuster anbringen (siehe Seite 32).

[2] Vorder- und Rückseite r-a-r an den Schultern bündig aufeinanderlegen und die Schulternähte schließen.

[3] Das Halsausschnittbündchen laut Grundanleitung „Einfassungsmethode mit offener Unterseite" leicht gedehnt r-a-r in den Halsausschnitt einnähen (siehe Seite 22). Dabei stehen die Enden jeweils 1 cm über, ggf. kürzen. Die Enden an der Knopfleiste nach innen umschlagen und mit feststeppen. Bei sehr leichten Stoffen ist es auch möglich, die Einfassung mit geschlossener Unterseite zu nähen (siehe Seite 22).

[4] Die Ärmel mit der Armkugel passend r-a-r an die Armausschnitte stecken, dabei die Passzeichen beachten. Die Ärmel einnähen.

[5] Vorder- und Rückseite r-a-r an den Seiten bündig legen und feststecken. Die Ärmel der Länge nach r-a-r legen und feststecken. Die offenen Seiten der Ärmel und des Longsleeves vom Ärmel- bis zum Shirtsaum in einem Zug schließen.

[6] Die Ärmelsäume jeweils 3 cm einschlagen, bügeln und von rechts absteppen.

[7] Den Shirtsaum ebenfalls 3 cm einschlagen, bügeln und von rechts absteppen.

MEINE TIPPS:
Es erfordert ein wenig Übung, die Enden des Halsausschnittes sauber zu arbeiten. Daher ist es meist leichter, die Einfassung mit offener statt mit geschlossener Unterseite zu nähen.
Je leichter ein Stoff ist, desto einfacher ist es, das Halsausschnittbündchen ordentlich an der Knopfleiste nach innen umzuschlagen. Am besten vorher einmal an einem Stoffrest austesten.

SCHWIERIGKEITSGRAD 3

GRÖSSE
36–46

MATERIAL
- Stoff 1: Jersey in Staubblau, 140 cm x 140 cm (bis Gr. 40)/ 142 cm x 140 cm (ab Gr. 42)
- Stoff 2: Jersey in Silber, 18 cm x 140 cm (für alle Größen)
- Vlieseline H 180, 18 cm x 8 cm
- Farblich passendes Nähgarn
- 4 Druckknöpfe in Silber, ø 11 mm

SCHNITTMUSTERBOGEN 1A+2A (MODELL NR. 1)

NAHTZUGABEN
Alle Schnittteile bis auf die Vlieseline mit 1 cm NZG zuschneiden. Am Ärmel- und am Shirtsaum je eine Saumzugabe von 3 cm hinzugeben. Das Halsausschnittbündchen entsprechend der Maßangabe ohne zusätzliche NZG zuschneiden.

ZUSCHNITT

Stoff 1:
- 1x Schnittteil „Vorderseite" im Bruch, obere Halsausschnittkante
- 1x Schnittteil „Rückseite" im Bruch
- 1x Schnittteil „Ärmel" in doppelter Stofflage

Stoff 2:
- 1x Schnittteil „Knopfleiste" in doppelter Stofflage
- 1x Halsausschnittbündchen, 4 cm x 80 % der Länge des Halsausschnitts (bei Verwendung von Bündchenware 70 % der Länge des Halsausschnitts)

Vlieseline:
- 1x Schnittteil „Knopfleiste" in doppelter Stofflage

...gut angezogen in Büro und Freizeit

STILVOLLER ROLLKRAGENPULLI

SCHWIERIGKEITSGRAD 2

GRÖSSE
36–46

MATERIAL
- Stoff 1: Jersey in Rosa/Grau gestreift, 140 cm x 140 cm (bis Gr. 40)/146 cm x 140 cm (ab Gr. 42)
- Farblich passendes Nähgarn

SCHNITTMUSTERBOGEN 1A+2B (MODELL NR. 4)

NAHTZUGABEN
Alle Schnittteile mit 1 cm NZG zuschneiden. Am Ärmel- und am Shirtsaum eine Saumzugabe von 3 cm hinzugeben.

ZUSCHNITT

Stoff 1:
- 1x Schnittteil „Vorderseite" im Bruch, Schnittkante Shirt
- 1x Schnittteil „Rückseite" im Bruch, Schnittkante Shirt
- 1x Schnittteil „Ärmel" in doppelter Stofflage
- 1x Schnittteil „Kragen" im Bruch; Passzeichen und VM übertragen

ANLEITUNG

[1] Den Kragen entlang der vorderen Mitte (VM) r-a-r legen und die langen offenen Seitenkanten zum Ring zusammennähen. Auf rechts wenden und entlang der Bruchkante l-a-l legen.

[2] Ab Größe 42 die Brustabnäher laut Grundanleitung nähen (siehe Seite 27).

[3] Vorder- und Rückseite r-a-r an den Schultern bündig aufeinanderlegen und die Schulternähte schließen.

[4] An der Vorder- und Rückseite des Rollis jeweils die vordere und hintere Mitte markieren. Den Rollkragen mit der offenen Seite bündig so an den Halsausschnitt stecken, dass die Naht auf die hintere Mitte trifft. Die vordere Mitte des Kragens trifft auf die vordere Mitte der Vorderseite und die Passzeichen auf die Schulternähte. Den Rollkragen wie ein Bündchen laut Grundanleitung einnähen (siehe Seite 17).

[5] Die Ärmel mit der Armkugel passend r-a-r an die Armausschnitte stecken, dabei die Passzeichen beachten. Die Ärmel einnähen.

[6] Vorder- und Rückseite r-a-r an den Seiten bündig legen und feststecken. Die Ärmel der Länge nach r-a-r legen und feststecken. Die offenen Seiten der Ärmel und des Rollkragenpullis vom Ärmel- bis zum Rollisaum in einem Zug schließen.

[7] Die Ärmelsäume jeweils 3 cm einschlagen, bügeln und von rechts absteppen.

[8] Den Rollisaum ebenfalls 3 cm einschlagen, bügeln und von rechts absteppen.

> **MEIN TIPP:**
> Schwierigkeiten beim Annähen des Rollkragens? Nicht durch die größere Menge Stoff irritieren lassen, das Prinzip ist das gleiche wie beim Annähen eines Halsbündchens.

...ein zeitloser Allrounder

…gut angezogen
für Feld, Wald
und Wiese

SPORTLICHER CARDIGAN

SCHWIERIGKEITSGRAD 1

GRÖSSE
36–46

MATERIAL
- Stoff 1: Sweat in Grau mit türkisfarbenen Sternen, 153 cm x 140 cm (für alle Größen)
- Nähgarn in Pink

SCHNITTMUSTERBOGEN 2A (MODELL NR. 5)

NAHTZUGABEN
Alle Schnittteile mit 1 cm NZG zuschneiden. Am Ärmel- und Cardigansaum sowie am Halsausschnitt keine NZG hinzugeben, da der Cardigan offenkantig verarbeitet wird.

ZUSCHNITT

Stoff 1:
- 1x Schnittteil „Vorderseite" in doppelter Stofflage
- 1x Schnittteil „Rückseite" im Bruch
- 1x Schnittteil „Ärmel" in doppelter Stofflage

ANLEITUNG

[1] Vorderseiten und Rückseite r-a-r an den Schultern bündig aufeinanderlegen und die Schulternähte schließen.

[2] Die Ärmel mit der Armkugel passend r-a-r an die Armausschnitte stecken, dabei die Passzeichen beachten. Die Ärmel einnähen.

[3] Vorderseiten und Rückseite r-a-r an den Seiten bündig legen und feststecken. Die Ärmel der Länge nach r-a-r legen und feststecken. Die offenen Seiten der Ärmel und des Cardigans vom Ärmel- bis zum Cardigansaum in einem Zug schließen.

[4] Den Cardigan zunächst rundherum am Saum, an den Vorderkanten und am Halsausschnitt mit einem Zierstich oder der Coverlock in Pink absteppen. Danach auch an den Ärmelsäumen mit einem Zierstich oder der Coverlock in Pink absteppen.

> **MEIN TIPP:**
> Statt eines Cardigans lässt sich nach dieser Anleitung auch ein legerer offenkantiger Pulli nähen. Dazu einfach die Vorderseite nicht in doppelter Stofflage, sondern im Bruch zuschneiden.

FEMININES ZIPFELTOP

SCHWIERIGKEITSGRAD 2

GRÖSSE
36–46

MATERIAL
- Stoff 1: Viskose-Jersey in Mittelgrau, 153 cm x 140 cm (bis Gr. 40)/ 160 cm x 140 cm (ab Gr. 42)
- Farblich passendes Nähgarn

SCHNITTMUSTERBOGEN 2B (MODELL NR. 6)

NAHTZUGABEN
Alle Schnittteile mit 1 cm NZG zuschneiden. Am Topsaum eine NZG von 2 cm hinzugeben. Die Halsausschnitt- und Armausschnittbündchen entsprechend der Maßangabe ohne zusätzliche NZG zuschneiden.

ZUSCHNITT
Stoff 1:
- 1x Schnittteil „Vorderseite" im Bruch, äußere Schnittkante
- 1x Schnittteil „Rückseite" im Bruch, äußere Schnittkante
- 1x Halsausschnittbündchen, 4 cm x 80% der Länge des Halsausschnitts (bei Verwendung von Bündchenware 70% der Länge des Halsausschnitts)
- 2x Armausschnittbündchen, 4 cm x 80% der Länge des Armausschnitts (bei Verwendung von Bündchenware 70% der Länge des Armausschnitts)

ANLEITUNG

[1] Vorder- und Rückseite r-a-r an den Schultern bündig aufeinanderlegen und die Schulternähte schließen.

[2] Die Armausschnittbündchen laut Grundanleitung „Faltmethode" einnähen (siehe Seite 21).

[3] Das Halsausschnittbündchen mittig r-a-r legen und die kurzen offenen Seiten zum Ring zusammennähen. Auf rechts wenden, der Länge nach l-a-l legen und laut Grundanleitung „Faltmethode" in den Halsausschnitt einnähen (siehe Seite 21).

[4] Vorder- und Rückseite r-a-r an den Seiten bündig legen, feststecken. Die offenen Seiten des Tops vom Armausschnitt bis zum Topsaum in einem Zug schließen.

[5] Den Topsaum 2 cm einschlagen, bügeln und von rechts absteppen.

MEIN TIPP:
Probieren Sie auch eine offenkantige ungesäumte Version des Zipfeltops aus: Die fällt vor allem bei Viskose-Jersey noch leichter. Hierfür die Vorder- und Rückseite ohne die NZG am Saum zuschneiden.

...zartfließender Figurschmeichler

LIEBLINGS-HOODIE

SCHWIERIGKEITSGRAD 3

GRÖSSE
36–46

MATERIAL
- Stoff 1: Jersey in Grau mit hellblauen Vögeln, 153 cm x 140 cm (für alle Größen)
- Stoff 2: Jersey in Hellblau, 30 cm x 140 cm (für alle Größen)
- Farblich passendes Nähgarn

SCHNITTMUSTERBOGEN 2A (MODELL NR. 5)

NAHTZUGABEN
Alle Schnittteile mit 1 cm NZG zuschneiden. Das Kapuzenbündchen und die Tascheneingriffe entsprechend der Maßangabe ohne NZG zuschneiden.

ZUSCHNITT

Stoff 1:
- 1x Schnittteil „Vorderseite" im Bruch, Schnittkante „Bündchen"
- 1x Schnittteil „Rückseite" im Bruch, Schnittkante „Bündchen"
- 1x Schnittteil „Ärmel" in doppelter Stofflage, Schnittkante „Bündchen"
- 1x Schnittteil „Kapuze" in doppelter Stofflage
- 1x Schnittteil „Tasche" im Bruch

Stoff 2:
- 1x Schnittteil „Ärmelsaumbündchen" in doppelter Stofflage
- 1x Schnittteil „Saumbund" im Bruch
- 1x Schnittteil „Taschenbündchen" in doppelter Stofflage
- 1x Kapuzenbündchen, 6 cm x 80 % der Länge des Kapuzenausschnitts (bei Verwendung von Bündchenware 70 % der Länge des Kapuzenausschnitts)

ANLEITUNG

[1] Die Taschenbündchen l-a-l in den Umbruch legen. Die Taschenbündchen r-a-r mit der offenen Seite bündig an die Tascheneingriffe stecken und leicht gedehnt festnähen. Die Taschenbündchen umklappen und von rechts knappkantig absteppen. Die Tasche laut Grundanleitung auf die Vorderseite nähen (siehe Seite 30).

[2] Beide Kapuzenteile r-a-r legen und an der gebogenen Scheitelnaht zusammennähen. Das Kapuzenbündchen der Länge nach l-a-l falten, leicht gedehnt r-a-r an die Vorderkante der Kapuze stecken und festnähen. Das Kapuzenbündchen umklappen und die NZG knappkantig von rechts mit einem dehnbaren Stich absteppen.

[3] Vorder- und Rückseite r-a-r an den Schultern bündig aufeinanderlegen und die Schulternähte schließen.

MEIN TIPP:
Für einen schönen Farbkontrast kann die Kapuze auch gedoppelt genäht werden. Dafür je eine Innen- und Außenkapuze nähen und diese r-a-r an der Vorderkante zusammensteppen. Das Kapuzenbündchen dazwischenfassen.

56 ★ Oberteile

...weicher Kapuzenpulli zum Einkuscheln

[4] Die vordere Mitte und die hintere Mitte des Hoodies am Halsausschnitt markieren. Die Passzeichen an der Kapuze ebenfalls markieren. Die Kapuze mit der Scheitelnaht an die hintere Mitte stecken, dann treffen die Passzeichen der Kapuze auf die Schulternähte und die Kapuze überlappt 4 cm an der vorderen Mitte. Die Kapuze in den Halsausschnitt einnähen. Die NZG in den Halsausschnitt legen und knappkantig von rechts mit einem sehr dehnbaren Stich absteppen.

[5] Die Ärmel mit der Armkugel passend r-a-r an die Armausschnitte stecken, dabei die Passzeichen beachten. Die Ärmel einnähen.

[6] Vorder- und Rückseite r-a-r an den Seiten bündig legen und feststecken. Die Ärmel der Länge nach r-a-r legen und feststecken. Die offenen Seiten der Ärmel und des Hoodies vom Ärmelbis zum Hoodiesaum in einem Zug schließen.

[7] Den Saumbund und die Ärmelsaumbündchen jeweils im Bruch bzw. mittig r-a-r legen und die kurzen offenen Seiten zum Ring zusammennähen. Auf rechts wenden und entlang der Umbruchkante l-a-l legen.

[8] Den Saumbund mit der offenen Seite bündig gleichmäßig gedehnt r-a-r an die Unterkante des Kapuzenpullis stecken und laut Grundanleitung einnähen (siehe Seite 17), dabei die Bauchtasche mitfassen.

[9] Auf die gleiche Weise die Ärmelsaumbündchen mit der offenen Seite bündig leicht gedehnt r-a-r an die Ärmel nähen.

MEIN TIPP:
Das Schnittmuster enthält zusätzlich eine Schnittkante für lange Ärmel ohne Saumbündchen. Die Ärmelsäume dann jeweils 2 cm einschlagen, bügeln und von rechts absteppen.

COLLEGE-SWEATER

SCHWIERIGKEITSGRAD 3

GRÖSSE
36–46

MATERIAL
- Stoff 1: Sweat in Dunkelblau, 153 cm x 140 cm (für alle Größen)
- Stoff 2: Sweat in Weiß, 44 cm x 140 cm (für alle Größen)
- Nähgarn in Rot

SCHNITTMUSTERBOGEN 1B (MODELL NR. 7)

NAHTZUGABEN
Alle Schnittteile mit 1 cm NZG zuschneiden.

ZUSCHNITT

Stoff 1:
- 1x Schnittteil „Vorderseite" im Bruch, Schnittkante Bündchen
- 1x Schnittteil „Rückseite" im Bruch, Schnittkante Bündchen
- 1x Schnittteil „Ärmel" in doppelter Stofflage, Schnittkante Bündchen

Stoff 2:
- 1x Schnittteil „Halsstreifen" im Bruch
- 1x Schnittteil „Saumbund" im Bruch
- 1x Schnittteil „Ärmelbündchen" in doppelter Stofflage

...mit roten Nähten

Oberteile ★ 59

ANLEITUNG

[1] Ab Größe 42 die Brustabnäher laut Grundanleitung nähen (siehe Seite 27).

[2] Vorder- und Rückseite r-a-r an den Schultern bündig aufeinanderlegen und die Schulternähte schließen. Dann die hintere Mitte markieren.

[3] Den Halsstreifen im Bruch r-a-r legen und die ausgeschnittene Spitze zusammennähen. Die Spitze vorsichtig bis zur Naht einschneiden. Den Halsstreifen entlang der Umbruchkante l-a-l legen und laut Grundanleitung in den Halsausschnitt einnähen (siehe Seite 25).

[4] Die Ärmel mit der Armkugel passend r-a-r an die Armausschnitte stecken, dabei die Passzeichen beachten. Die Ärmel einnähen.

[5] Vorder- und Rückseite r-a-r an den Seiten bündig legen und feststecken. Die Ärmel der Länge nach r-a-r legen und feststecken. Die offenen Seiten der Ärmel und des College-Sweaters vom Ärmel- bis zum Sweatersaum in einem Zug schließen.

[6] Die Ärmelbündchen jeweils parallel zum Maschenlauf mittig r-a-r legen, die lange offene Seite zusammensteppen. Die Bündchen auf rechts wenden und entlang der Umbruchkante l-a-l legen. Die Bündchen laut Grundanleitung an die Ärmel einnähen (siehe Seite 17).

[7] Den Saumbund im Bruch r-a-r legen und die kurzen offenen Seiten zum Ring zusammennähen. Auf rechts wenden und entlang der Umbruchkante l-a-l legen. Den Saumbund mit der offenen Seite bündig gleichmäßig gedehnt r-a-r an den Saum des Sweaters stecken und anschließend laut Grundanleitung einnähen (siehe Seite 17).

MEIN TIPP:
Der Sweater kann ebenso gut ohne Bündchen und Saumbund genäht werden, das Schnittmuster bietet dafür eine weitere Länge.

...bequem und schick

CARDIGAN MIT KNOPFLEISTE

SCHWIERIGKEITSGRAD 2

GRÖSSE
Einheitsgröße

MATERIAL
- Stoff 1: Sweat in Blau/Weiß gestreift, 150 cm x 150 cm
- Stoff 2: Sweat in Dunkelblau, 10 cm x 150 cm
- Farblich passendes Nähgarn
- 16 Kam Snaps in Dunkelblau (oder Druckknöpfe), ø 12 mm

SCHNITTMUSTERBOGEN 2B (MODELL NR. 3)

NAHTZUGABEN
Alle Schnittteile mit 1 cm NZG zuschneiden, den Halsausschnitt nicht ausschneiden, an der Rundung eine Saumzugabe von 2 cm hinzugeben.

ZUSCHNITT

Stoff 1:
- 2x Schnittteil „Rückseite" im Bruch

Stoff 2:
- 2x Schnittteil „Knopfleiste" im Bruch

ANLEITUNG

[1] Eine Knopfleiste der Länge nach 1-a-1 falten, mit der offenen Kante bündig r-a-r an die gerade Seite eines Halbkreises stecken und festnähen. Die Knopfleiste umklappen, die NZG in den Cardigan legen und knappkantig von rechts absteppen.

[2] Das zweite Teil des Cardigans auf die gleiche Weise nähen.

[3] Beide Knopfleisten bündig übereinanderlegen, feststecken und die Kam Snaps gemäß den Markierungen laut Grundanleitung in den Knopfleisten anbringen (siehe Seite 32).

[4] Den Cardigansaum 2 cm einschlagen, bügeln und von rechts absteppen.

MEIN TIPP:
Die Knopfleiste des Cardigans lässt sich sowohl quer entlang der Schultern als auch längs entlang des Rückens und Bauchs tragen.

...ein echter Verwandlungs-
künstler

LANGARM-SHIRT
MIT ÜBERSCHNITTENEN ÄRMELN

SCHWIERIGKEITSGRAD 2

GRÖSSE
36–46

MATERIAL
- Stoff 1: Interlock in Dunkelblau/Weiß gestreift,
162 cm x 140 cm (bis Gr. 40)/
175 cm x 140 cm (ab Gr. 42)
- Farblich passendes Nähgarn

SCHNITTMUSTERBOGEN 1A (MODELL NR. 8)

NAHTZUGABEN
Alle Schnittteile mit 1 cm NZG zuschneiden. Am Ärmel- und am Shirtsaum jeweils eine Saumzugabe von 3 cm hinzugeben.

ZUSCHNITT
Stoff 1:
- 1x Schnittteil „Vorderseite" im Bruch
- 1x Schnittteil „Rückseite" im Bruch
- 1x Schnittteil „Ärmel" in doppelter Stofflage

ANLEITUNG

[1] Den Halsausschnitt der Vorder- und Rückseite je 1 cm nach innen einschlagen, bügeln und von rechts absteppen.

[2] Vorder- und Rückseite r-a-r an den Schultern bündig aufeinanderlegen und die Schulternähte schließen. Dabei darauf achten, dass der Halsausschnitt sauber aufeinanderliegt.

[3] Die Ärmel mit der Armkugel passend r-a-r an die Armausschnitte stecken, dabei die Passzeichen beachten. Die Ärmel einnähen.

[4] Vorder- und Rückseite r-a-r an den Seiten bündig legen und feststecken. Die Ärmel der Länge nach r-a-r legen und feststecken. Die offenen Seiten der Ärmel und des Langarm-Shirts vom Ärmel- bis zum Shirtsaum in einem Zug schließen.

[5] Die Ärmelsäume jeweils 3 cm einschlagen, bügeln und von rechts absteppen.

[6] Den Shirtsaum ebenfalls 3 cm einschlagen, bügeln und von rechts absteppen.

> **MEINE TIPPS:**
> Ein zusätzlich in die Schulternaht mitgefasstes Framilongummi verhindert das Ausleiern der Schulternähte.
> Die Kante des Halsausschnitts kann versäubert werden, muss aber nicht.

...legerer Fashion-Liebling

KLASSISCHES TOP

SCHWIERIGKEITSGRAD 2

GRÖSSE
36–46

MATERIAL
› Stoff 1: Stretchjersey in Sand, 83 cm x 140 cm (bis Gr. 40)/ 86 cm x 140 cm (ab Gr. 42)
› Stoff 2: Stretchjersey in Rosa, 8 cm x 140 cm (für alle Größen)
› Farblich passendes Nähgarn

SCHNITTMUSTERBOGEN 2B (MODELL NR. 6)

NAHTZUGABEN
Alle Schnittteile mit 1 cm NZG zuschneiden. Am Topsaum eine NZG von 3 cm hinzugeben. Die Halsausschnitt- und Armausschnittbündchen entsprechend der Maßangabe ohne zusätzliche NZG zuschneiden.

ZUSCHNITT

Stoff 1:
- 1x Schnittteil „Vorderseite" im Bruch, innere Schnittkante
- 1x Schnittteil „Rückseite" im Bruch, innere Schnittkante

Stoff 2:
- 1x Halsausschnittbündchen, 4 cm x 80 % der Länge des Halsausschnitts (bei Verwendung von Bündchenware 70 % der Länge des Halsausschnitts)
- 2x Armausschnittbündchen, 4 cm x 80 % der Länge des Armausschnitts (bei Verwendung von Bündchenware 70 % der Länge des Armausschnitts)

ANLEITUNG

[1] Vorder- und Rückseite r-a-r an den Schultern bündig aufeinanderlegen und die Schulternähte schließen.

[2] Die Armausschnittbündchen laut Grundanleitung „Faltmethode" einnähen (siehe Seite 21).

[3] Das Halsausschnittbündchen mittig r-a-r legen und die kurzen offenen Seiten zum Ring zusammennähen. Auf rechts wenden, der Länge nach l-a-l legen und laut Grundanleitung „Faltmethode" in den Halsausschnitt einnähen (siehe Seite 21).

[4] Vorder- und Rückseite r-a-r an den Seiten bündig legen und feststecken. Die offenen Seiten des Tops vom Armausschnitt bis zum Topsaum in einem Zug schließen.

[5] Den Topsaum 3 cm einschlagen, bügeln und von rechts absteppen.

...unverzichtbar für jeden Kleiderschrank

KURZARM-SHIRT
MIT ÜBERSCHNITTENEN ÄRMELN

SCHWIERIGKEITSGRAD 2

GRÖSSE
36–46

MATERIAL
- Stoff 1: Doubleface-Strickjersey in Grau/Blau, 135 cm x 140 cm (bis Gr. 40)/ 175 cm x 140 cm (ab Gr. 42)
- Farblich passendes Nähgarn

SCHNITTMUSTERBOGEN 1A+2B (MODELL NR. 8)

NAHTZUGABEN
Alle Schnittteile mit 1 cm NZG zuschneiden.

ZUSCHNITT
Stoff 1:
- 1x Schnittteil „Vorderseite" im Bruch, Schnittkante für Version mit Saumbund
- 1x Schnittteil „Rückseite" im Bruch, Schnittkante für Version mit Saumbund
- 1x Schnittteil „Saumbund" im Bruch

ANLEITUNG

[1] Den Halsausschnitt der Vorder- und Rückseite jeweils 1 cm nach innen einschlagen, bügeln und von rechts absteppen.

[2] Vorder- und Rückseite r-a-r an den Schultern bündig aufeinanderlegen und die Schulternähte schließen. Dabei darauf achten, dass der Halsausschnitt sauber aufeinanderliegt.

[3] Die Armausschnitte je 1 cm nach innen einschlagen, bügeln und von rechts absteppen.

[4] Vorder- und Rückseite r-a-r an den Seiten bündig legen und feststecken. Die offenen Seiten des Shirts vom Armausschnitt bis zum Shirtsaum in einem Zug schließen.

[5] Den Saumbund im Bruch r-a-r legen und die kurzen offenen Seiten zum Ring zusammennähen. Auf rechts wenden und entlang der Umbruchkante l-a-l legen. Den Saumbund mit der offenen Seite bündig gleichmäßig gedehnt r-a-r feststecken und laut Grundanleitung einnähen (siehe Seite 17).

> **MEINE TIPPS:**
> Fassen Sie zusätzlich ein Framilongummi in der Schulternaht mit. Das verhindert das Ausleiern der Schulternähte.
> Die Kanten des Halsausschnitts und der Armausschnitte können versäubert werden, müssen aber nicht.

... komplettiert jeden Casual-Look

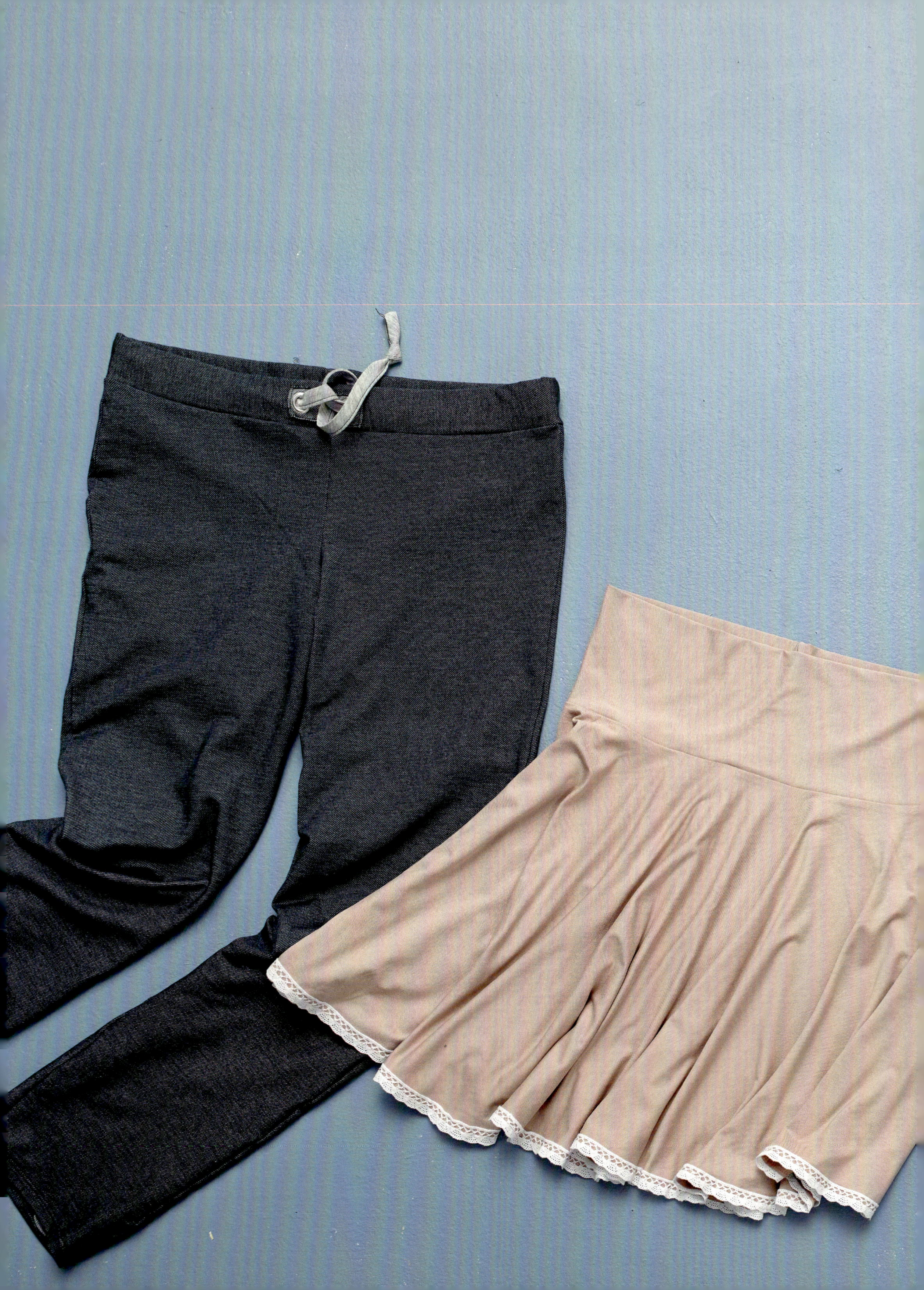

BEIN-
KLEIDER

LUFTIGER MAXIROCK

SCHWIERIGKEITSGRAD 1

GRÖSSE
36–46

MATERIAL
> Stoff 1: Viskose-Jersey in Hellgrau mit schwarzen Farnen, 110 cm x 140 cm (für alle Größen)
> Farblich passendes Nähgarn

SCHNITTMUSTERBOGEN 1A (MODELL NR. 9)

NAHTZUGABEN
Den Taillenbund mit 1 cm NZG zuschneiden. Den Rock entsprechend der Maßangabe ohne zusätzliche NZG zuschneiden. Wenn der Rock gesäumt werden soll, 3 cm NZG am Saum hinzugeben.

ZUSCHNITT
Stoff 1:
- 1x Rockteil, 85 cm x 140 cm (für alle Größen)
- 1x Schnittteil „Taillenbund" im Bruch

ANLEITUNG

[1] Den Taillenbund im Bruch r-a-r legen und die kurzen offenen Seiten zum Ring zusammennähen. Auf rechts wenden und entlang der Umbruchkante 1-a-l legen.

[2] Den Rock an der Oberkante laut Grundanleitung raffen (siehe Seite 28), sodass die Rockweite der Weite des Taillenbundes entspricht. In den kleinen Größen ist der Maxirock etwas stärker gerafft, in den großen Größen entsprechend weniger.

[3] Den Rock r-a-r so legen, dass die geraffte Oberkante genau übereinanderliegt. Die Seitenkante zusammennähen.

[4] Den Taillenbund mit der offenen Seite bündig r-a-r gleichmäßig an die Oberkante des Rocks stecken und laut Grundanleitung einnähen (siehe Seite 17).

[5] Falls Sie den Rock säumen möchten, den Rocksaum 3 cm einschlagen, bügeln und von rechts absteppen.

> **MEINE TIPPS:**
> Dieses Nähprojekt ist im Handumdrehen fertig und lässt sich beliebig verlängern oder kürzen. Der Rock kann dabei auf der Hüfte oder tailliert sitzen, dazu sollten Sie die Länge vorher einmal überprüfen. Oder probieren Sie, den Taillenbund für ein legeres Strandkleid über der Brust zu tragen.

... lässig und leicht für den Sommer

KLEID MIT ASYMMETRISCHEM SAUM

SCHWIERIGKEITSGRAD 2

GRÖSSE
36–46

MATERIAL
- Stoff 1: Jersey in Dunkelblau mit weißen Rauten, 190 cm x 140 cm (bis Gr. 40)/ 220 cm x 140 cm (ab Gr. 42)
- Farblich passendes Nähgarn

SCHNITTMUSTERBOGEN 1A+2A (MODELL NR. 1)

NAHTZUGABEN
Alle Schnittteile mit 1 cm NZG zuschneiden. Am Ärmelsaum eine Saumzugabe von 3 cm und am Kleidsaum eine Saumzugabe von 2 cm hinzugeben. Die Halsausschnittbündchen entsprechend der Maßangabe ohne zusätzliche NZG zuschneiden.

ZUSCHNITT

Stoff 1:
- 1x Schnittteil „Vorderseite" im Bruch, untere Halsausschnittkante
- 1x Schnittteil „Rückseite" im Bruch
- 1x Schnittteil „Ärmel" in doppelter Stofflage
- 1x Halsausschnittbündchen, 4 cm x 80% der Länge des Halsausschnitts (bei Verwendung von Bündchenware 70% der Länge des Halsausschnitts)

ANLEITUNG

[1] Vorder- und Rückseite r-a-r an den Schultern bündig aufeinanderlegen und die Schulternähte schließen.

[2] Das Halsausschnittbündchen mittig r-a-r legen und die kurzen offenen Seiten zum Ring zusammennähen. Auf rechts wenden, der Länge nach l-a-l legen und laut Grundanleitung in den Halsausschnitt einnähen (siehe Seite 17).

[3] Die Ärmel mit der Armkugel passend r-a-r an die Armausschnitte stecken, dabei die Passzeichen beachten. Die Ärmel einnähen.

[4] Vorder- und Rückseite r-a-r an den Seiten bündig legen und feststecken. Die Ärmel der Länge nach r-a-r legen und feststecken. Anschließend die offenen Seiten der Ärmel und des Kleides vom Ärmel- bis zum Kleidsaum in einem Zug schließen.

[5] Die Ärmelsäume jeweils 3 cm einschlagen, bügeln und von rechts absteppen.

[6] Den Kleidsaum 2 cm einschlagen, bügeln und von rechts absteppen.

> **MEINE TIPPS:**
> Das Kleid kann in ganz unterschiedlichen Varianten gearbeitet werden. Nähen Sie alternativ einen tiefen Ausschnitt oder eine Knopfleiste und für den Sommer kurze oder dreiviertellange Ärmel. Das Schnittmuster bietet hierfür verschiedene Schnittkanten. Für ein Kleid ohne asymmetrischen Saum kann die Saumkante der Rückseite auch für die Vorderseite verwendet werden, ggf. etwas kürzen.

Bein-Kleider

...für den Strand oder zum Shoppen

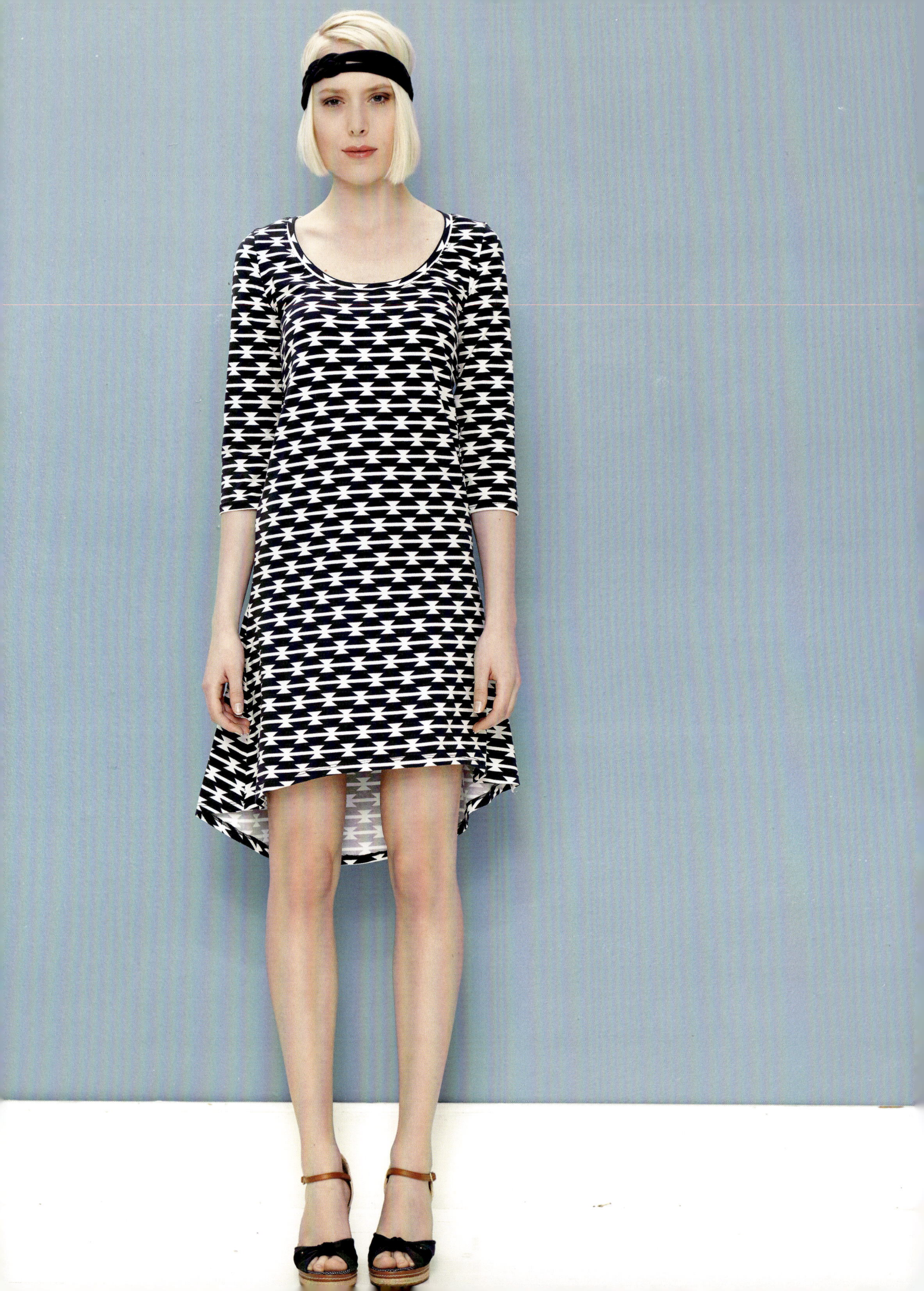

KNIELANGES KLEID

SCHWIERIGKEITSGRAD 3

GRÖSSE
36–46

MATERIAL
- Stoff 1: Stretchjersey in Grau mit Punkten, 111 cm x 140 cm (für alle Größen)
- Stoff 2: Stretchjersey in Anthrazit, 12 cm x 140 cm (für alle Größen)
- Farblich passendes Nähgarn
- Jersey-Schrägband in Grau, 1,60 m

SCHNITTMUSTERBOGEN 1A+1B (MODELL NR. 10)

NAHTZUGABEN
Alle Schnittteile mit 1 cm NZG zuschneiden. Am Kleidsaum eine Saumzugabe von 3 cm hinzugeben. Die Halsausschnitt- und Armausschnittbündchen entsprechend der Maßangabe ohne zusätzliche NZG zuschneiden.

ZUSCHNITT

Stoff 1:
- 1x Schnittteil „Vorderseite" im Bruch, kurze Schnittkante
- 1x Schnittteil „Rückseite" im Bruch, kurze Schnittkante

Stoff 2:
- 1x Schnittteil „Tunnelzug" im Bruch
- 1x Halsausschnittbündchen, 4 cm x 80% der Länge des Halsausschnitts (bei Verwendung von Bündchenware 70% der Länge des Halsausschnitts)
- 2x Armausschnittbündchen, 4 cm x 80% der Länge des Armausschnitts (bei Verwendung von Bündchenware 70% der Länge des Armausschnitts)

...mit dekorativem Tunnelzug

Bein-Kleider

ANLEITUNG

[1] Ab Größe 44 die Brustabnäher laut Grundanleitung nähen (siehe Seite 27).

[2] Vorder- und Rückseite r-a-r an den Schultern bündig aufeinanderlegen und die Schulternähte schließen.

[3] Die Armausschnittbündchen laut Grundanleitung „Faltmethode" einnähen (siehe Seite 21).

[4] Das Halsausschnittbündchen mittig r-a-r legen und die kurzen offenen Seiten zum Ring zusammennähen. Auf rechts wenden, der Länge nach l-a-l legen und laut Grundanleitung „Faltmethode" in den Halsausschnitt einnähen (siehe Seite 21).

[5] Vorder- und Rückseite r-a-r an den Seiten bündig legen und feststecken. Die offenen Seiten des Kleids vom Armausschnitt bis zum Kleidsaum in einem Zug schließen.

[6] Den Kleidsaum 3 cm einschlagen, bügeln und von rechts absteppen.

[7] Den Tunnelzug an den kurzen Enden versäubern, jeweils 2,5 cm nach innen umschlagen und bügeln. Anschließend die NZG an den langen Seitenkanten nach innen umschlagen und ebenfalls bügeln.

[8] Jeweils am Tunnelzug und am Kleid die hintere Mitte markieren, von dort aus den Tunnelzug gemäß der Markierung auf dem Schnittmuster rund um das Kleid feststecken und knappkantig der Länge nach oben und unten feststeppen.

[9] Das fertige Jerseyschrägband längs zusammensteppen und mithilfe einer Sicherheitsnadel durch den Tunnelzug ziehen. Die Enden einzeln verknoten. Das Band zu einer Schleife binden.

> **MEIN TIPP:**
> Das Kleid kann auch in der Maxiversion knöchellang genäht werden. Dafür die Schnittteile wie für das Maxikleid auf Seite 82 verlängern.

...feminin und bequem →

SCHWINGENDER TELLERROCK

SCHWIERIGKEITSGRAD 1

GRÖSSE
36–46

MATERIAL
- Stoff 1: Viskose-Jersey in Puder, 100 cm x 140 cm (für alle Größen)
- Farblich passendes Nähgarn
- Spitzenband in Creme, 2,5 cm breit, 320 cm

SCHNITTMUSTERBOGEN 1A+1B (MODELL NR. 9 + 11)

NAHTZUGABEN
Alle Schnittteile mit 1 cm NZG zuschneiden. Am Saum muss keine NZG hinzugegeben werden, da die Spitze offenkantig aufgesteppt wird. Wenn der Rock gesäumt werden soll, 2 cm Saumzugabe hinzugeben.

ZUSCHNITT

Stoff 1:
- 1x Schnittteil „Tellerrock" in vierfacher Stofflage (Modell Nr. 11)
- 1x Schnittteil „Taillenbund" im Bruch (Modell Nr. 9)

ANLEITUNG

[1] Der Stoff muss für den Zuschnitt vierfach gelegt werden. Dafür den Stoff zunächst an einer Seite in den Bruch legen und anschließend noch einmal quer falten, sodass zwei Bruchkanten über Eck entstehen. Nun das Schnittteil „Tellerrock" auflegen und zuschneiden.

[2] Den Taillenbund im Bruch r-a-r legen und die kurzen offenen Seiten zum Ring zusammennähen. Auf rechts wenden und entlang der Umbruchkante l-a-l legen.

[3] Den Taillenbund mit der offenen Seite bündig gleichmäßig gedehnt r-a-r an den Taillenausschnitt stecken und anschließend laut Grundanleitung einnähen (siehe Seite 17).

[4] Die Spitze rundherum auf die rechte Seite des Rocksaums steppen.

MEIN TIPP:
Der Rock lässt sich beliebig verlängern oder kürzen, für wesentlich längere Röcke ist jedoch ein breiter liegender Stoff notwendig.

...ideal für einen romantischen Look

GERADLINIGES MAXIKLEID

SCHWIERIGKEITSGRAD 2

GRÖSSE
36–46

MATERIAL
- Stoff 1: Viskose-Jersey in Puder mit Federn, 220 cm x 140 cm (bis Gr. 40)/ 295 cm x 140 cm (ab Gr. 42)
- Stoff 2: Jersey in Schwarz, 8 cm x 140 cm (für alle Größen)
- Farblich passendes Nähgarn

SCHNITTMUSTERBOGEN 1A+1B (MODELL NR. 10)

NAHTZUGABEN
Alle Schnittteile mit 1 cm NZG zuschneiden. Am Kleidsaum eine Saumzugabe von 3 cm hinzugeben. Die Halsausschnitt- und Armausschnittbündchen entsprechend der Maßangabe ohne zusätzliche NZG zuschneiden.

ZUSCHNITT

Stoff 1:
- 1x Schnittteil „Vorderseite" im Bruch
- 1x Schnittteil „Rückseite" im Bruch

Stoff 2:
- 1x Halsausschnittbündchen, 4 cm x 80% der Länge des Halsausschnitts (bei Verwendung von Bündchenware 70% der Länge des Halsausschnitts)
- 2x Armausschnittbündchen, 4 cm x 80% der Länge des Armausschnitts (bei Verwendung von Bündchenware 70% der Länge des Armausschnitts)

ANLEITUNG

[1] Zunächst ab Größe 44 die Brustabnäher laut Grundanleitung nähen (siehe Seite 27).

[2] Vorder- und Rückseite r-a-r an den Schultern bündig aufeinanderlegen und die Schulternähte schließen.

[3] Die Armausschnittbündchen jeweils laut Grundanleitung „Faltmethode" annähen (siehe Seite 21).

[4] Das Halsausschnittbündchen mittig r-a-r legen und die kurzen offenen Seiten zum Ring zusammennähen. Auf rechts wenden, der Länge nach l-a-l legen und laut Grundanleitung „Faltmethode" in den Halsausschnitt einnähen (siehe Seite 21).

[5] Vorder- und Rückseite r-a-r an den Seiten bündig legen und feststecken. Danach die offenen Seiten vom Armausschnitt bis zum Kleidsaum in einem Zug schließen.

[6] Den Kleidsaum 3 cm einschlagen, bügeln und von rechts absteppen.

MEINE TIPPS:

Das Kleid kann beliebig verlängert oder gekürzt werden. Vor dem Nähen sollten Sie die richtige Länge durch Maßnehmen und Anhalten der Schnittteile überprüfen.

Für eine stärkere Taillierung kann wahlweise ein Tunnelzug genäht werden oder ein Framilonband auf die linke Seite des Stoffs gedehnt in Taillenhöhe gesteppt werden.

... für heiße Sommertage

SCHMALE JOGGINGHOSE

ANLEITUNG

[1] Jeweils eine Vorder- und eine Hinterhose an der äußeren Seitenkante bündig r-a-r legen und die Seitenkante zusammennähen. Das zweite Hosenbein ebenso nähen.

[2] Beide Hosenbeine auseinandergeklappt r-a-r legen, die Seitennaht liegt nun mittig. Jeweils die hintere und die vordere Schrittnaht zusammennähen. Die Hose so auseinanderziehen, dass die Hosenbeine r-a-r übereinanderliegen, und die innere Beinnaht in einem Zug schließen.

[3] Das Rechteck mit der linken Stoffseite nach oben offenkantig über die beiden Ösenpositionen auf die rechte Stoffseite des Taillenbundes nähen. Anschließend die Ösen gemäß Herstellerangaben anbringen (siehe Seite 33).

[4] Den Taillenbund im Bruch r-a-r legen und die kurzen offenen Seiten zum Ring zusammennähen. Auf rechts wenden und entlang der Umbruchkante l-a-l legen. Das Jersey-Schrägband der Länge nach an der offen Kante zusammennähen. In den Taillenbund legen und durch die Ösen fädeln. Den Taillenbund mit der offenen Seite bündig gleichmäßig r-a-r an den Hosenbund stecken und laut Grundanleitung einnähen (siehe Seite 18).

[5] Den Saum am Fuß 3 cm einschlagen, bügeln und von rechts absteppen.

MEINE TIPPS:
Für mehr Stabilität am Saumbund kann zusätzlich ein 3 cm breites Gummiband in Länge des Saumbundes eingenäht werden.
Bei sehr leichten Jerseystoffen sollten die Ösen mit einem Reststück Vlieseline unterlegt werden.

SCHWIERIGKEITSGRAD 2

GRÖSSE
36–46

MATERIAL
- Stoff 1: Jersey in Jeans-Optik, 126 cm x 140 cm (bis Gr. 40)/ 206 cm x 140 cm (ab Gr. 42)
- Farblich passendes Nähgarn
- Jersey-Schrägband in Grau, 130 cm
- 2 Ösen in Silber, ø 11 mm

SCHNITTMUSTERBOGEN 1B (MODELL NR. 12)

NAHTZUGABEN
Alle Schnittteile mit 1 cm NZG zuschneiden. Am Fuß eine Saumzugabe von 3 cm hinzugeben. Das Rechteck entsprechend der Maßangabe ohne NZG zuschneiden.

ZUSCHNITT
Stoff 1:
- 1x Schnittteil „Vorderhose" in doppelter Stofflage
- 1x Schnittteil „Hinterhose" in doppelter Stofflage
- 1x Schnittteil „Taillenbund" im Bruch
- 1x Rechteck, 7 cm x 3 cm

...mal gemütlich, mal stylisch

...ideal für den lässigen Freizeitlook

NIEDLICHE SHORTS

SCHWIERIGKEITSGRAD 2
36–46

MATERIAL
- Stoff 1: Jersey in Blau/Weiß gestreift, 51 cm x 140 cm (bis Gr. 40)/ 75 cm x 140 cm (ab Gr. 42)
- Farblich passendes Nähgarn
- Jersey-Schrägband in Blau, 130 cm
- 2 Ösen in Silber, ø 11 mm

SCHNITTMUSTERBOGEN 1B (MODELL NR. 12)

NAHTZUGABEN
Alle Schnittteile mit 1 cm NZG zuschneiden. Am Bein eine Saumzugabe von 3 cm hinzugeben.

ZUSCHNITT
Stoff 1:
- 1x Schnittteil „Vorderhose" in doppelter Stofflage, Schnittkante Shorts
- 1x Schnittteil „Hinterhose" in doppelter Stofflage, Schnittkante Shorts
- 1x Schnittteil „Taillenbund" im Bruch

ANLEITUNG

[1] Jeweils eine Vorder- und eine Hinterhose an der äußeren Seitenkante bündig r-a-r legen und die Seitenkante zusammennähen. Das zweite Hosenbein ebenso nähen.

[2] Beide Hosenbeine auseinandergeklappt r-a-r legen, die Seitennaht liegt nun mittig. Jeweils die hintere und die vordere Schrittnaht zusammennähen. Die Hose so auseinanderziehen, dass die Hosenbeine r-a-r liegen, und die innere Beinnaht in einem Zug zusammennähen.

[3] Die Ösen gemäß Herstellerangaben und lt. Grundanleitung anbringen (siehe Seite 33).

[4] Den Taillenbund am Bruch r-a-r legen und die kurzen offenen Seiten zum Ring zusammennähen. Auf rechts wenden und entlang der Umbruchkante l-a-l legen. Das Jersey-Schrägband längs an der offenen Kante zusammennähen. In den Taillenbund legen und durch die Ösen fädeln. Den Taillenbund mit der offenen Seite bündig gleichmäßig r-a-r an den Hosenbund stecken und laut Grundanleitung einnähen (siehe Seite 18). Den Hosenbund nach Wunsch von rechts knappkantig absteppen.

[5] Den Saum am Bein 3 cm einschlagen, bügeln und von rechts absteppen.

MEINE TIPPS:
Für mehr Stabilität am Saumbund kann zusätzlich ein 3 cm breites Gummiband entsprechend der Länge des Taillenbundes eingenäht werden.
Bei sehr leichten Jerseys sollten die Ösen mit einem Reststück Vlieseline unterlegt werden.

SÜSSES STRANDKLEID

SCHWIERIGKEITSGRAD 2

GRÖSSE
36-46

MATERIAL
- Stoff 1: Jersey in Blau und Rosa mit Punkten, 180 cm x 140 cm (für alle Größen)
- Farblich passendes Nähgarn
- Jersey-Schrägband in Rosa, 2x 80 cm
- Jersey-Schrägband in Blau, 2x 120 cm

SCHNITTMUSTERBOGEN 2B (MODELL NR. 13)

NAHTZUGABEN
Alle Schnittteile mit 1 cm NZG zuschneiden. Am Saum 3 cm Saumzugabe hinzugeben. Am Armausschnitt keine NZG hinzugeben, da dieser eingefasst wird. Am Halsausschnitt keine NZG hinzugeben, da diese offenkantig im Umbruch liegt.

ZUSCHNITT

Stoff 1:
- 2x Schnittteil „Vorder- und Rückseite" im Bruch

ANLEITUNG

[1] Die Vorder- und Rückseite des Strandkleides bündig r-a-r aufeinanderlegen und die Seiten schließen.

[2] Die Armausschnitte jeweils laut Grundanleitung „Einfassungsmethode mit geschlossener Unterseite" mit den rosafarbenen Schrägbändern einfassen (siehe Seite 22).

[3] Den Halsausschnitt der Vorder- und Rückseite versäubern und entlang der Umbruchkante nach innen umschlagen. Gut bügeln und so feststeppen, dass ein Tunnel entsteht.

[4] Für die Träger die blauen Schrägstreifen jeweils an den langen Kanten zusammennähen, sodass das Schrägband geschlossen ist.

[5] Jeweils einen Trägerstreifen mithilfe einer Sicherheitsnadel durch den Tunnel der Vorder- und der Rückseite ziehen. Die Halsausschnitte so zusammenraffen, dass das Strandkleid passt. Die Träger in der passenden Länge zusammenknoten. Die Enden ebenfalls verknoten.

[6] Den Kleidsaum 3 cm einschlagen, bügeln und von rechts absteppen.

MEIN TIPP:
Das Strandkleid lässt sich beliebig verlängern.

...gerüstet für jede Beach-Party

PRAKTISCHE YOGAHOSE

SCHWIERIGKEITSGRAD 2

GRÖSSE
36–46

MATERIAL
- Stoff 1: Jersey in Hellrosa, 165 cm x 140 cm (bis Gr. 40)/ 210 cm x 140 cm (ab Gr. 42)
- Stoff 2: Jersey in Sand, 52 cm x 140 cm (für alle Größen)
- Farblich passendes Nähgarn

SCHNITTMUSTERBOGEN 1A (MODELL NR. 9)

NAHTZUGABEN
Alle Schnittteile mit 1 cm NZG zuschneiden.

ZUSCHNITT

Stoff 1:
- 1x Schnittteil „Vorderhose" in doppelter Stofflage
- 1x Schnittteil „Hinterhose" in doppelter Stofflage

Stoff 2:
- 1x Schnittteil „Taillenbund" im Bruch
- 1x Schnittteil „Saumbund" in doppelter Stofflage

ANLEITUNG

[1] Jeweils eine Vorder- und eine Hinterhose an der äußeren Seitenkante bündig r-a-r legen und die Seitenkante zusammennähen. Das zweite Hosenbein auf die gleiche Weise nähen.

[2] Beide Hosenbeine auseinandergeklappt r-a-r legen, die Seitennaht liegt nun mittig. Jeweils die hintere und die vordere Schrittnaht zusammennähen.

[3] Die Hose so auseinanderziehen, dass die Hosenbeine r-a-r liegen, und die innere Beinnaht in einem Zug zusammennähen.

[4] Den Taillenbund am Bruch r-a-r legen und die kurzen offenen Seiten zum Ring zusammennähen. Auf rechts wenden und entlang der Umbruchkante l-a-l legen.

[5] Die beiden Saumbunde für den Beinabschluss auf die gleiche Weise zusammennähen.

[6] Den Taillenbund mit der offenen Seite bündig gleichmäßig gedehnt r-a-r an den Hosenbund stecken und laut Grundanleitung einnähen (siehe Seite 17).

[7] Die Saumbunde auf die gleiche Weise an die Beinabschlüsse nähen, sie müssen dabei stark gedehnt werden.

MEINE TIPPS:
Je nach Dehnbarkeit des Jerseys muss die Länge des Taillenbundes und der Saumbunde ggf. angepasst werden.
Am besten testen Sie die Länge vor dem Zuschneiden, indem Sie sich ein Stück Stoff so anhalten, dass es gut sitzt.

... für den ultimativen Tragekomfort

LOCKERES NACHTHEMD

SCHWIERIGKEITSGRAD 2

GRÖSSE
36–46

MATERIAL
- Stoff 1: Jersey in Blau mit weißen Punkten, 176 cm x 140 cm (bis Gr. 40)/ 212 cm x 140 cm (ab Gr. 42)
- Farblich passendes Nähgarn

SCHNITTMUSTERBOGEN 1A+2B (MODELL NR. 4)

NAHTZUGABEN
Alle Schnittteile mit 1 cm NZG zuschneiden. Am Ärmelsaum eine Saumzugabe von 3 cm und am Nachthemdsaum eine Saumzugabe von 2 cm hinzugeben. Die Halsausschnittbündchen entsprechend der Maßangabe ohne zusätzliche NZG zuschneiden.

ZUSCHNITT

Stoff 1:
- 1x Schnittteil „Vorderseite" im Bruch
- 1x Schnittteil „Rückseite" im Bruch
- 1x Schnittteil „Ärmel" in doppelter Stofflage
- 1x Halsausschnittbündchen, 4 cm x 80 % der Länge des Halsausschnitts (bei Verwendung von Bündchenware 70 % der Länge des Halsausschnitts)

ANLEITUNG

[1] Vorder- und Rückseite r-a-r an den Schultern bündig aufeinanderlegen und die Schulternähte schließen.

[2] Das Halsausschnittbündchen mittig r-a-r legen und die kurzen offenen Seiten zum Ring zusammennähen. Auf rechts wenden, der Länge nach l-a-l legen und laut Grundanleitung in den Halsausschnitt einnähen (siehe Seite 17).

[3] Die Ärmel mit der Armkugel passend r-a-r an die Armausschnitte stecken, dabei die Passzeichen beachten. Die Ärmel einnähen.

[4] Vorder- und Rückseite r-a-r an den Seiten bündig legen und feststecken. Die Ärmel der Länge nach r-a-r legen und feststecken. Die offenen Seiten der Ärmel und des Nachthemds vom Ärmel- bis zum Nachthemdsaum in einem Zug schließen.

[5] Die Ärmelsäume jeweils 3 cm einschlagen, bügeln und von rechts absteppen.

[6] Den Nachthemdsaum 2 cm einschlagen, bügeln und ebenfalls von rechts absteppen.

...auch nachts möchte man gut aussehen

BEQUEMER KIMONO

SCHWIERIGKEITSGRAD 2

GRÖSSE
36–46

MATERIAL
- Stoff 1: Jersey in Blau, 215 cm x 140 cm (für alle Größen)
- Stoff 2: Jersey in Blau mit weißen Punkten, 45 cm x 140 cm (für alle Größen)
- Farblich passendes Nähgarn

SCHNITTMUSTERBOGEN 2A+2B (MODELL NR. 14)

NAHTZUGABEN
Alle Schnittteile mit 1 cm NZG zuschneiden. Am Ärmel- und am Kimonosaum jeweils eine NZG von 3 cm hinzugeben.

ZUSCHNITT

Stoff 1:
- 1x Schnittteil „Vorderseite" in doppelter Stofflage
- 1x Schnittteil „Rückseite" im Bruch
- 2x Schnittteil „Ärmel" im Bruch

Stoff 2:
- 1x Schnittteil „Blende" in doppelter Stofflage
- 1x Schnittteil „Gürtel" im Bruch

ANLEITUNG

[1] Vorderseiten und Rückseite r-a-r an den Schultern bündig aufeinanderlegen und die Schulternähte schließen.

[2] Die Blenden r-a-r legen und die ausgeschnittene Spitze zusammennähen. Die Blende aufklappen und entlang der Umbruchkante l-a-l legen, dabei bildet die genähte Naht die hintere Mitte.

[3] Nun die hintere Mitte der Kimono-Rückseite markieren. Von der hinteren Mitte ausgehend die Blende mit der offenen Seite bündig r-a-r an den Halsausschnitt und die vorderen Seitenkanten des Kimonos stecken und feststeppen. Die Blende umklappen und die NZG in den Kimono bügeln, knappkantig von rechts absteppen.

[4] Die Ärmel mit der Armkugel passend r-a-r an die Armausschnitte stecken, dabei die Passzeichen beachten. Die Ärmel einnähen.

[5] Vorderseiten und Rückseite r-a-r an den Seiten bündig legen und feststecken. Die Ärmel der Länge nach r-a-r legen und feststecken. Die offenen Seiten der Ärmel und des Kimonos vom Ärmel- bis zum Kimonosaum in einem Zug schließen.

[6] Die Ärmelsäume jeweils 3 cm einschlagen, bügeln und von rechts absteppen.

[7] Den Kimonosaum ebenfalls 3 cm einschlagen, bügeln und von rechts absteppen.

[8] Den Gürtel entlang der Umbruchkante r-a-r legen und die kurzen Seiten sowie die lange Seite zusammensteppen. An der langen Seite eine Wendeöffnung von 10 cm lassen. Den Gürtel durch die Öffnung wenden, bügeln und rundherum absteppen.

MEIN TIPP:
Besonders schön ist es, wenn der Kimono passend zum Nachthemd von Seite 92 genäht wird.

...der passende Begleiter zum Nachthemd

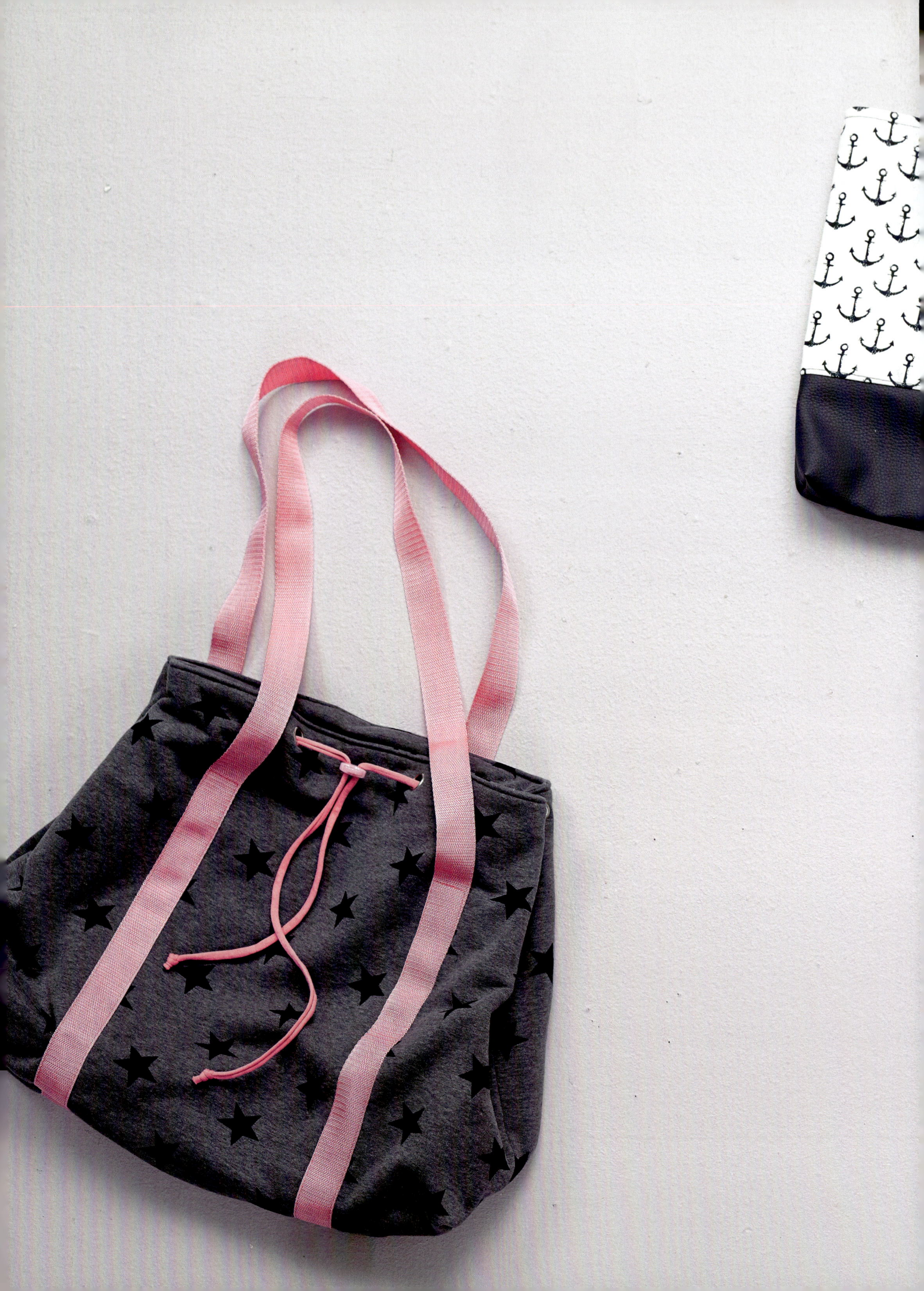

ACCESSOIRES

WENDE-BEANIE

SCHWIERIGKEITSGRAD 1

GRÖSSE
53-55/56-58/59-61 cm Kopfumfang

MATERIAL
- Stoff 1: Jersey in Lila, 32 cm x 62 cm (für alle Größen)
- Stoff 2: Jersey in Grau meliert, 32 cm x 62 cm (für alle Größen)
- Farblich passendes Nähgarn

SCHNITTMUSTERBOGEN 1B (MODELL NR. 15)

NAHTZUGABEN
Alle Schnittteile mit 1 cm NZG zuschneiden.

ZUSCHNITT

Stoff 1:
- 1x Schnittteil „Beanie" im Bruch

Stoff 2:
- 1x Schnittteil „Beanie" im Bruch

ANLEITUNG

[1] Für die graue Beanie das Schnittteil im Bruch r-a-r legen und die lange offene Seite bis zum Zipfel zusammennähen. Die offene Seite oberhalb der Bruchkante ebenfalls bis zum Zipfel zusammennähen.

[2] Das Schnittteil auseinanderziehen und so r-a-r legen, dass die beiden zuvor entstandenen Nähte aufeinanderliegen. Die offene Kante der Mütze in einem Zug schließen.

[3] Die lilafarbene Beanie auf die gleiche Weise nähen, hier aber an einer Naht eine Wendeöffnung von ca. 5 cm offen lassen.

[4] Die graue Beanie auf rechts wenden, r-a-r in die lilafarbene Beanie stecken und beide am Kopfausschnitt zusammensteppen. Die NZG zurückschneiden und die Beanie durch die Wendeöffnung wenden. Die Wendeöffnung von Hand mit einem Matratzenstich schließen oder mit der Nähmaschine absteppen.

MEIN TIPP:
Die Mütze kann wahlweise lang oder aufgekrempelt getragen werden, sie lässt sich wenden.

...alleine oder zusammen mit Loop und Armstulpen ein Hingucker

... wandelbarer Halsschmeichler

ANGENEHMER LOOP

SCHWIERIGKEITSGRAD 1

GRÖSSE
Einheitsgröße

MATERIAL
- Stoff 1: Jersey in Lila, 80 cm x 140 cm
- Stoff 2: Jersey in Grau meliert, 80 cm x 140 cm
- Farblich passendes Nähgarn

NAHTZUGABEN
Die Loop-Teile entsprechend den Maßangaben ohne zusätzliche NZG zuschneiden.

ZUSCHNITT

Stoff 1:
- 1 x Loop, 80 cm x 140 cm

Stoff 2:
- 1 x Loop, 80 cm x 140 cm

ANLEITUNG

[1] Beide Loop-Teile r-a-r aufeinanderlegen und die beiden langen Seiten zusammennähen. Den Schlauch wenden.

[2] Eine kurze offene Seite des Schlauchs so zur Mitte umstülpen, dass die gleichen Stoffe jeweils r-a-r liegen. Die beiden offenen Seiten des Schlauchs liegen nun übereinander. Diese rundherum feststecken und zusammensteppen, dabei eine Wendeöffnung von 6–8 cm offen lassen.

[3] Den Loop durch die Wendeöffnung wenden und diese per Hand mit einem Matratzenstich oder der Nähmaschine schließen.

MEIN TIPP:
Der Loop passt wunderbar zur Beanie auf Seite 98 und den Armstulpen auf Seite 102.

SCHICKE ARMSTULPEN

SCHWIERIGKEITSGRAD 1

GRÖSSE
Einheitsgröße

MATERIAL
- Stoff 1: Jersey in Lila, 25 cm x 60 cm
- Stoff 2: Jersey in Grau, 25 cm x 60 cm
- Farblich passendes Nähgarn

SCHNITTMUSTERBOGEN 1B (MODELL NR. 16)

NAHTZUGABEN
Alle Schnittteile mit 1 cm NZG zuschneiden.

ZUSCHNITT

Stoff 1:
- 2x Schnittteil „Armstulpen" in doppelter Stofflage

Stoff 2:
- 2x Schnittteil „Armstulpen" in doppelter Stofflage

ANLEITUNG

[1] Für die grauen Armstulpen jeweils zwei Schnittteile aus grauem Jersey r-a-r stecken und die langen Seitenkanten zusammennähen. Aus den lilafarbenen Schnittteilen auf die gleiche Weise die lilafarbene Armstulpen nähen.

[2] Jeweils eine graue Armstulpe wenden und r-a-r in eine lilafarbene Armstulpe stecken. Beide Armstulpen jeweils entlang des Handgelenk-Ausschnitts zusammensteppen.

[3] Die Armstulpen jeweils auseinanderziehen und l-a-l ineinanderstecken. Die offenen Enden 1 cm rundherum nach innen gegeneinanderstecken, bügeln und zusammensteppen.

...wärmend
und hübsch
zugleich

MARITIME TASCHE

ANLEITUNG

[1] Beide Schnittteile „Außenseite oben" nach Grundanleitung mit Vlieseline verstärken (siehe Seite 34).

[2] Eine „Außenseite oben" mit der Unterkante r-a-r an die Oberkante einer „Außenseite unten" stecken und zusammensteppen. Wenden, die NZG nach unten klappen, mit einem übergelegten Baumwolltuch vorsichtig bügeln und knappkantig von rechts absteppen. Beide Teile der Außentasche auf diese Weise nähen.

[3] Für die Außentasche beide Taschenteile r-a-r aufeinanderlegen und die Seiten sowie den Boden zusammennähen. Die beiden unteren ausgesparten Ecken bleiben noch offen. Nun die Tasche auseinanderziehen und die Seitennaht auf die Bodennaht legen. Dabei werden die Ecken so auseinandergezogen, dass nun zwei offene Kanten aufeinanderliegen, die quer zusammengesteppt werden.

[4] Die Innentasche wie die Außentasche in Schritt 3 nähen, dabei jedoch an der Unterkante eine Wendeöffnung von 12 cm offen lassen.

[5] Die Außentasche wenden. Die Außen- und die Innentasche r-a-r ineinanderstecken und die Oberkante rundherum zusammennähen. Die NZG vorsichtig kürzen, die Ecken abschrägen und die Tasche durch die Wendeöffnung wenden. Die Oberkante gut bügeln und knappkantig absteppen. Die Wendeöffnung per Hand mit einem Matratzenstich oder der Nähmaschine schließen.

[6] Die Lederriemen mit einem Abstand von jeweils 8 cm zur Außenkante mit jeweils 1 Hohlniete gemäß Herstellerangaben an der Oberkante der Tasche befestigen.

104 ★ Accessoires

SCHWIERIGKEITSGRAD 1

GRÖSSE
40 cm x 30 cm (ohne Träger)

MATERIAL
- Stoff 1: Jersey in Weiß mit blauen Ankern, 40 cm x 130 cm
- Stoff 2: Kunstleder in Dunkelblau, 15 cm x 65 cm
- Vlieseline S 320, 25 cm x 62 cm
- Farblich passendes Nähgarn
- 2 Lederriemen in Braun, 2x 55 cm
- 4 Hohlnieten in Silber, ø 7,5 mm

SCHNITTMUSTERBOGEN 2B (MODELL NR. 17)

NAHTZUGABEN
Alle Schnittteile ohne zusätzliche NZG zuschneiden. 1 cm NZG ist bereits enthalten.

ZUSCHNITT

Stoff 1:
- 1x Schnittteil „Tasche Innenseite" in doppelter Stofflage
- 2x „Tasche Außenseite oben", 25 cm x 31 cm

Stoff 2:
- 1x Schnittteil „Tasche Außenseite unten" in doppelter Stofflage

Vlieseline:
- 2x „Verstärkung Tasche Außenseite oben", 25 cm x 31 cm

...ein kleines Platzwunder

... lässiger Begleiter für jede Gelegenheit

SCHWIERIGKEITSGRAD 2

GRÖSSE

45 cm x 60 cm (ohne Träger)

MATERIAL

- Stoff 1: Sweat in Blau mit Sternen, 90 cm x 120 cm
- Stoff 2: Baumwollstoff, 45 cm x 120 cm
- Farblich passendes Nähgarn
- Gurtband in Rosa, 3 cm breit, 2x 1,5 m
- 8 Ösen in Silber, ø 11 mm
- Jersey-Schrägband in Rosa, 1,4 m
- Kordelstopper in Rosa

SCHNITTMUSTERBOGEN 1B (MODELL NR. 18)

NAHTZUGABEN

Alle Schnittteile ohne zusätzliche NZG zuschneiden. 1 cm NZG ist bereits enthalten.

ZUSCHNITT

Stoff 1:

- 4x Schnittteil „Umhängetasche" für Außenseite im Bruch

Stoff 2:

- 2x Schnittteil „Umhängetasche" im Bruch

UMHÄNGE TASCHE

ANLEITUNG

[1] Jeweils eine Außenseite aus Sweat mit der linken Seite auf ein Baumwollteil legen. Der Baumwollstoff dient als Einlage, damit die Tasche nicht ausleiert, und ist später nicht sichtbar. Die Außenseite und die Einlage nach Belieben in der NZG fixieren, um ein Verrutschen zu verhindern.

[2] Die Gurtbänder als Träger gemäß Markierung auf dem Schnittmuster durch beide Stofflagen (Außenstoff und Einlage) auf die Außenseiten steppen. Dabei zeigen die offenen Enden zur Unterkante, oben wird ein Träger gebildet.

[3] Die Ösen gemäß Markierung auf dem Schnittmuster gemäß Herstellerangaben in den Außenseiten anbringen (siehe Seite 33). Dabei durchbohren die Ösen beide Stofflagen (Außenstoff und Einlage).

[4] Für die Außenseite die beiden Beutelteile r-a-r aufeinanderlegen und die Seiten sowie den Boden zusammennähen. Die beiden unteren ausgesparten Ecken bleiben noch offen. Nun den Beutel auseinanderziehen und die Seitennaht auf die Bodennaht legen. Dabei werden die Ecken so auseinandergezogen, dass nun zwei offene Kanten aufeinanderliegen, die quer zusammengesteppt werden.

[5] Den Innenbeutel wie die Außenseite in Schritt 4 nähen, dabei jedoch an der Unterkante eine Wendeöffnung von 15 cm offen lassen.

[6] Den Außenbeutel wenden. Den Außen- und den Innenbeutel r-a-r ineinanderstecken und die Oberkante rundherum zusammennähen. Die NZG vorsichtig kürzen, die Ecken abschrägen und den Beutel durch die Wendeöffnung wenden. Die Oberkante gut bügeln und knappkantig absteppen.

[7] Nun das Jersey-Schrägband durch die Ösen fädeln, durch die Wendeöffnung lässt sich das Band leicht rundherum ziehen. Die Bandenden durch den Kordelstopper ziehen und einzeln verknoten.

[8] Zum Schluss die Wendeöffnung per Hand mit einem Matratzenstich oder der Nähmaschine schließen.

STYLISCHER TURNBEUTEL

SCHWIERIGKEITSGRAD 1

GRÖSSE
klein: 40 cm x 30 cm/
groß: 55 cm x 40 cm

MATERIAL
- Stoff 1: Jersey in Weiß, 30 cm x 60 cm/40 cm x 80 cm
- Stoff 2: Jersey in Rosa mit bunten Kleeblättern, 15 cm x 60 cm/20 cm x 80 cm
- Stoff 3: Baumwollstoff in Rosa, 50 cm x 60 cm/65 cm x 80 cm
- Farblich passendes Nähgarn
- Band in Rosa, 3 cm breit, 2x 1,5 m/2x 2 m
- 2 Ösen in Silber, ø 11 mm

NAHTZUGABEN
Alle Schnittteile entsprechend den Maßangaben ohne zusätzliche NZG zuschneiden. 1 cm NZG ist bereits enthalten.

ZUSCHNITT
Stoff 1:
- 1x „Turnbeutel Oberteil", 28 cm x 30 cm/38 cm x 40 cm in doppelter Stofflage

Stoff 2:
- 1x „Turnbeutel Unterteil", 14 cm x 30 cm/19 cm x 40 cm in doppelter Stofflage

Stoff 3:
- 1x „Innentasche", 40 cm x 30 cm/55 cm x 40 cm in doppelter Stofflage
- 1x „Tunnelstreifen", 8 cm x 30 cm/10 cm x 40 cm in doppelter Stofflage

ANLEITUNG

[1] Den Tunnelstreifen rundherum versäubern. Die kurzen Seiten 1 cm nach links umschlagen, bügeln und feststeppen. Den Tunnelstreifen der Länge nach mittig l-a-l legen und den Falz bügeln.

[2] Für den Turnbeutel ein Oberteil mit der Unterkante r-a-r an die Oberkante eines Unterteils stecken und zusammennähen. Die NZG umlegen und knappkantig von rechts absteppen. Das andere Turnbeutelteil auf die gleiche Weise nähen. Beide Beutelteile r-a-r aufeinanderlegen und die Seitenkanten sowie die Unterkante zusammennähen.

[3] Für die Innentasche beide Schnittteile r-a-r aufeinanderlegen und die Seitenkanten sowie die Unterkante zusammennähen, dabei an der Unterkante eine Wendeöffnung von 10 cm offen lassen.

[4] Die Außenseite des Turnbeutels wenden und r-a-r in die Innentasche stecken. Beide Beutelteile an der Oberkante zusammenstecken, dazwischen auf jeder Seite einen Tunnelstreifen mit der offenen Seite bündig r-a-r an die Kante stecken. Die Oberkante zusammennähen. Die NZG vorsichtig einkürzen und die Ecken abschrägen.

[5] Den Turnbeutel durch die Wendeöffnung wenden und gut bügeln. Die Wendeöffnung per Hand mit einem Matratzenstich oder der Nähmaschine schließen.

[6] Ein rosafarbenes Band erst durch den einen Tunnelstreifen ziehen, dann wenden und durch den zweiten Tunnelstreifen zurückziehen. Das zweite Band entgegengesetzt dazu auf die gleiche Weise durch beide Tunnelstreifen ziehen.

[7] Die Ösen durch alle Stofflagen hindurch gemäß Herstellerangaben in den Ecken des Turnbeutels anbringen (siehe Seite 33). Die Bandenden auf jeder Seite durch die Öse ziehen und verknoten.

...einfach über die Schulter geworfen oder als Rucksack getragen

Buchempfehlungen für Sie

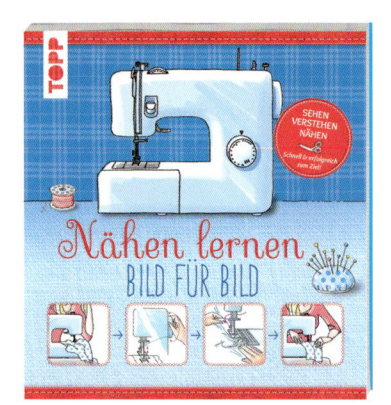

TOPP 6436
ISBN 978-3-7724-6436-2

TOPP 6443
ISBN 978-3-7724-6443-0

TOPP 6402
ISBN 978-3-7724-6402-7

TOPP 6447
ISBN 978-3-7724-6447-8

TOPP 6422
ISBN 978-3-7724-6422-5

TOPP 6426
ISBN 978-3-7724-6426-3

TOPP 6976
ISBN 978-3-7724-6976-3

TOPP 6978
ISBN 978-3-7724-6978-7

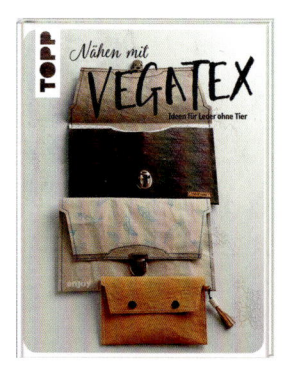

TOPP 6979
ISBN 978-3-7724-6979-4

Kreativ-Bücher finden Sie auf www.TOPP-kreativ.de

Weitere Ideen zum Selbermachen gesucht?

Lieblingsstücke von einfach bis einfach genial finden Sie bei TOPP! Lassen Sie sich auf unserer Verlagswebsite, per Newsletter oder in den sozialen Netzwerken von unserer Vielfalt inspirieren!

Website
Verlockend: Welcher Kreativratgeber soll es für Sie sein? Schauen Sie doch auf **www.TOPP-kreativ.de** vorbei & stöbern Sie durch die neusten Hits der Saison!

TOPP-Autoren
Sie wollen wissen, wer die „Macher" unserer Bücher sind? Wer Ihnen nützliche Tipps & Tricks gibt? Auf **www.TOPP-kreativ.de/Autor** warten jede Menge spannender Infos zum jeweiligen Autor auf Sie. Finden Sie heraus, welches Gesicht hinter Ihrem Lieblingsbuch steckt!

Facebook
Werden Sie Teil unserer Community & erhalten Sie brandaktuelle Informationen rund ums Handarbeiten auf **www.Facebook.com/Mitstrickzentrale**
Wer sich für Basteln, Bauen, Verzieren & Dekorieren interessiert, ist auf **www.Facebook.com/Bastelzentrale** genau richtig!

Pinterest
Sie sind auf der Jagd nach den neusten Trends? Sie suchen die besten Kniffe? Die schönsten DIY-Ideen? All' das & noch vieles mehr gibt es von TOPP auf **www.Pinterest.com/Frechverlag**

Newsletter
Bunt, fröhlich & überraschend: Das ist der TOPP-Newsletter! Melden Sie sich unter: **www. TOPP-kreativ.de/Newsletter** an & wir halten Sie regelmäßig mit Tipps & Inspirationen über Ihr Lieblingshobby auf dem Laufenden!

Extras zum Download in der Digitalen Bibliothek
Viele unserer Bücher enthalten digitale Extras: Tutorial-Videos, Vorlagen zum Downloaden, Printables & vieles mehr. Dieses Buch auch? Dann schauen Sie im Impressum des Buches nach. Sofern ein Freischaltcode dort abgebildet ist, geben Sie diesen unter **www.TOPP-kreativ.de/DigiBib** ein. Nach erfolgreicher Registrierung erhalten Sie Zugang zur digitalen Bibliothek & können sofort loslegen.

YouTube
Sie wollen eine ganz neue Technik ausprobieren? Sie arbeiten an einem spannenden Projekt, aber wissen nicht weiter? Unsere Tutorials, Werbetrailer, Interviews & Making Of's auf **www.YouTube.com/Frechverlag** helfen Ihnen garantiert dabei, den passenden Ratgeber von TOPP zu finden.

Instagram
Sie sind auf Instagram unterwegs? Super, TOPP auch. Folgen Sie uns! Sie finden uns auf **www.Instagram.com/Frechverlag**
Möchten Sie uns an Ihrem Lieblingsprojekt teilhaben lassen? Am besten posten Sie gleich ein Foto mit dem Hashtag **#frechverlag** & wir stellen Ihr Werk gerne unserer Community vor – yeah!

Alles in einer Hand gibt's hier:

Kreativ-Bücher finden Sie auf www.TOPP-kreativ.de

Julia Korff

Nach der Geburt Ihrer ältesten Tochter gründete Julia Korff 2009 ihr Label lillesol & pelle und hängte ihren Job als Betriebswirtin im Verlagswesen an den Nagel, um ihre Leidenschaft, das Erstellen von Schnittmustern und Anleitungen, mit anderen Nähbegeisterten zu teilen. Heute sind in ihrem Shop weit über 100 Schnittmuster als E-Books zum Sofort-Download sowie Papierschnittmuster bei vielen Stoffhändlern in Deutschland, Österreich und der Schweiz erhältlich. Besonders beliebt sind die Schnittmuster aufgrund ihrer umfangreichen Schritt-für-Schritt-Fotoanleitungen, die auch Nähanfängern zu ersten Erfolgen verhelfen.

Auf ihrer Website finden sich zusätzlich viele detaillierte Foto- und Video-Tutorials rund um das Nähen, die beliebte Themen-Reihe „Lexi-NÄHkon" beantwortet viele Fragen für Anfänger und Fortgeschrittene. Laufend werden im Blog Designbeispiele zu ihren Schnittmustern gezeigt, um andere Nähbegeisterte zu inspirieren. Ergänzend zu diesem Buch finden sich auf der Website auch weitere Tutorials: www.lillesolundpelle.com.

Julia Korff ist verheiratet und lebt mit ihren drei Töchtern am Stadtrand von Hamburg.

ABKÜRZUNGEN

l-a-l = links auf links
NZG = Nahtzugabe
r-a-r = rechts auf rechts

Hilfestellung zu allen Fragen, die Materialien und Kreativbücher betreffen: Frau Erika Noll berät Sie. Rufen Sie an: 05052/911858*

*normale Telefongebühren

Wir danken den Firmen Brother, Stoff & Stil und Swafing für die Unterstützung bei diesem Buch.

FOTOS: frechverlag GmbH, Turbinenstraße 7, 70499 Stuttgart; lichtpunkt GmbH, Michel Ruder

PRODUKTMANAGEMENT: Franziska Schmidt und Nina Armbruster

LEKTORAT: no:vum, Susanne Noll, Hennef

LAYOUT: Petra Theilfarth

DRUCK UND BINDUNG: Neografia, Slowakei

Materialangaben und Arbeitshinweise in diesem Buch wurden von der Autorin und den Mitarbeitern des Verlags sorgfältig geprüft. Eine Garantie wird jedoch nicht übernommen. Autorin und Verlag können für eventuell auftretende Fehler oder Schäden nicht haftbar gemacht werden. Das Werk und die darin gezeigten Modelle sind urheberrechtlich geschützt. Die Vervielfältigung und Verbreitung ist, außer für private, nicht kommerzielle Zwecke, untersagt und wird zivil- und strafrechtlich verfolgt. Dies gilt insbesondere für eine Verbreitung des Werkes durch Fotokopien, Film, Funk und Fernsehen, elektronische Medien und Internet sowie für eine gewerbliche Nutzung der gezeigten Modelle. Bei Verwendung im Unterricht und in Kursen ist auf dieses Buch hinzuweisen.

5. Auflage 2017

© 2016 frechverlag GmbH, Turbinenstraße 7, 70499 Stuttgart

ISBN 978-3-7724-6467-6 • Best.-Nr. 6467